VIRTUDES & LIDERANÇA

Conheça
nosso site

@editoraquadrante
@editoraquadrante
@quadranteeditora
Quadrante

ALEXANDRE HAVARD

VIRTUDES & LIDERANÇA

*Aos meus avós Madeleine
e Artchil, Nina e Pavel*

4ª edição

Tradução
Élcio Carillo

São Paulo
2016

Título original
Virtuous leadership

Copyright © 2011 Alexandre Havard

Capa
Paulo Azevedo

Dados Internacionais de Catalogação na Publicação (CIP)

Havard, Alexandre
Virtudes & Liderança / Alexandre Havard; tradução de Élcio
Carillo. – 4ª ed. – Quadrante, São Paulo, 2016.

ISBN: 978-65-89820-23-9

1. Liderança - Aspectos morais e éticos 2. Liderança - Aspectos
religiosos - Cristianismo 3. Virtudes 4. Virtudes - Teologais I. Título
II. Série

CDD-158.4

Índice para catálogo sistemático:
1. Liderança : Psicologia aplicada 158.4

Todos os direitos reservados a
QUADRANTE EDITORA
Rua Bernardo da Veiga, 47 - Tel.: 3873-2270
CEP 01252-020 - São Paulo - SP
www.quadrante.com.br / atendimento@quadrante.com.br

Sumário

Agradecimentos 9

Prólogo do autor 13

INTRODUÇÃO - A essência da liderança: o caráter 17

PARTE I - GRANDEZA E SERVIÇO 27

1. Magnanimidade: o sentido de missão 29
   O sentido de missão 51
   Meios magnânimos para fins magnânimos 55
   Objetivos pessoais elevados 56
   Conclusão 58

2. Humildade: a ambição de servir 60
   Humildade e magnanimidade 62
   Inclusão: a humildade no governo 64
   Colegialidade: a humildade na tomada de decisões 68
   O princípio da continuidade 70
   Motivação altruísta 72
   Uma filosofia do serviço 76
   Conclusão 80

3. Saber dizer não 82

PARTE II - SABEDORIA PRÁTICA E VONTADE FIRME 91

1. Prudência: como decidir bem 93
   O conhecimento que a prudência dá 93
   Deliberação 95
   Juízo e decisão 106
   Ser e percepção 108

2. Fortaleza: manter o rumo 110
   Uma definição de fortaleza 110
   Resistência 111
   Valentia e audácia 120

3. Autodomínio: o triunfo do coração e do espírito 122
   Direção, mais do que repressão 126
   O poder da pureza 127
   Desprendimento: o domínio do espírito 128
   Tempo para suavidade e tempo para a ira 130
   Gratidão e inveja 131
   Studiositas e *curiositas* 132
   Conclusão 133

4. Justiça: comunhão e comunicação 134
   A natureza humana é inalterável 134
   Justiça e bem comum 139
   Justiça e deveres ordinários 140
   Justiça e verdade 144
   Justiça e caridade 147

PARTE III - NÃO SE NASCE LÍDER, CHEGA-SE A LÍDER 153

1. Aretologia: a ciência da virtude 155

2. Somos o que fazemos habitualmente 158
   A liderança: uma questão de caráter, não de temperamento . 159
   O desafio da liberdade 161

3. A unidade das virtudes 165
   A conexão entre as virtudes 165
   A unidade entre as virtudes públicas e privadas 168

4. Coração, vontade e inteligência 170

PARTE IV - LIDERANÇA E REALIZAÇÃO PESSOAL 177

1. O perfil moral do líder 179

2. Virtude e realização pessoal 183

3. As armadilhas de uma ética baseada em normas 187

PARTE V - RUMO À VITÓRIA 195

1. A influência da vida cristã 197
   A posição privilegiada do líder cristão 198
   As virtudes naturais, fundamento das virtudes sobrenaturais . 202
   Os efeitos das virtudes sobrenaturais 203

2. Um programa para vencer 211
   Os obstáculos 212
   Exame de consciência 214
   Direção espiritual 215
   Plano de vida 218

Conclusão 221

Agradecimentos

Tive a sorte de ter sido criado e educado por pessoas com virtudes excepcionais. Isto pode soar a pieguice a pessoas de sensibilidade moderna, mas é verdade. Penso nos membros da minha família, a começar pelos meus pais, pessoas extraordinárias, e nos pais dos meus pais, que emigraram da União Soviética para a França. Eram pessoas de coragem, que viviam a magnanimidade, a humildade, a prudência, a valentia, o autodomínio e a justiça com a naturalidade da própria respiração.

Este livro reflete a influência deles e a de uma série de pessoas, cujos exemplos de vida e comportamento exigente me serviram de modelo e inspiração: Alexandr Solzhenitsyn acima de todos e, embora pudesse mencionar vários outros, João Paulo II.

Cresci na Paris revolucionária de fins dos anos 60 e princípios dos 70. Entre os intelectuais e os que presumiam sê-lo, estava na moda apoiar a revolução vermelha. Os jovens abastados dos bairros elegantes sabiam o que queriam: o comunismo. A grande maioria rejeitava o brejnevismo corrompido e ultrapassado e sentia-se mais atraída pelo rigor de um maoísmo puro e rígido. Para eles, era o «tudo ou nada». O seu entusiasmo pelo comunismo só se podia comparar à ignorância do que se passava a respeito da vida por trás da cortina de ferro e de bambu.

O *Arquipélago Gulag*, de Solzhenitsyn, ribombou como um trovão. O livro punha a descoberto a moral pretensiosa do comunismo, para não dizer o seu vazio moral, e o reduzia a pó, como um castelo de areia quando a maré sobe. O heroico testemunho do escritor russo a favor da verdade, a sua surpreendente valentia perante o mal e a sua adesão aos preceitos da moral cristã, totalmente contrária às tendências vigentes, tornaram-no, para as necessidades da época, mais jovem e mais coerente que os estudantes parisienses das barricadas de maio de 68. Alexandr Isaevich Solzhenitsyn, pelas suas virtudes e pela sua obra, é um exemplo de liderança.

A outra grande fonte de inspiração da minha vida, na realidade a mais importante, foi o fundador do Opus Dei, São Josemaria Escrivá. Dele aprendi que o célebre mandamento de Cristo *Sede perfeitos como vosso Pai celestial é perfeito* (Mt 5, 4) foi dirigido a todos os cristãos e não somente a alguns eleitos. Isto exige que pratiquemos tanto as virtudes humanas como as divinas. O exemplo e o espírito de Josemaria Escrivá impregnam este livro do princípio ao fim.

Queria manifestar o meu agradecimento aos meus queridos pais pelo amor e apoio incondicional que me deram. Eles contribuíram em inúmeros aspectos, grandes e pequenos, para a realização deste livro.

Muitos dos meus amigos prestaram-me a sua colaboração com os seus conselhos profissionais e com a sua ajuda; deixo-lhes aqui o meu agradecimento: Maxime Denis, Marc Legendre, Olivier Duplessis, Amaury de Chomereau, Tobias Hartig, Thamaz Kipiani, Fred Rose-Rosette, Nicolas Chuberre, Jean Luc Schaffhauser, Laurent Hincker, Michaël O'Briem, Ulf Ekstam, Radoslaw Koszewski, Oskari Juurikkala, Mark Hamman, Lembit Peterson, Sr. Juan José Sanguinetti, Varro Vooglaid, Andrej Nizovsky e Rodrigo Precioso.

Gostaria de agradecer também a John Powers, meu editor americano, pela fé que, desde o princípio, pôs neste livro, e a Kevin Lay, que foi o primeiro a ler, de ponta a ponta, o manuscrito.

Sobretudo, queria agradecer a Anthony Salvia, cuja contribuição foi tão importante que ele bem merece ser chamado coautor desta obra.

É desnecessário dizer que a responsabilidade por qualquer tipo de erro ou deficiência que aqui se note se deve exclusivamente ao autor.

Prólogo do autor

«Não voes como ave de capoeira,
quando podes subir como as águias».
Josemaria Escrivá, *Caminho*, n. 7

Um incidente fortuito, bonito e inesperado, vem à minha mente quando contemplo a grandeza do coração humano, que é a condição sine qua non *da liderança e o objeto próprio deste livro.*

Aconteceu durante uma viagem de ônibus de São Petersburgo a Helsinque, numa manhã de frio glacial de 1992, pouco depois da queda do comunismo. Era uma época de declínio da produção, de inflação vertiginosa e desemprego crescente em toda a ex-União Soviética. As pessoas mais idosas da Rússia estavam numa situação dramática, porque a inflação havia consumido quase totalmente as suas minguadas pensões. Muitas delas se viam forçadas a recolher garrafas do lixo para obter o dinheiro correspondente à sua devolução. Era a única maneira que tinham de sobreviver.

Enquanto atravessava a Rússia no ônibus, com destino à Finlândia, fiquei impressionado com o contraste entre a imaculada paisagem de inverno que deslizava pela minha janela e o ambiente moral tão pouco edificante que reinava a bordo.

O passageiro à minha frente, refestelado na sua poltrona e roncando como um porco, estava mergulhado, já desde o princípio da viagem, num profundo coma alcoólico.

Minutos depois de partirmos, o passageiro à minha direita quis oferecer-me um cigarro, mas confundiu-se de bolso e puxou uma caixa de camisinhas...

Para meu grande alívio, o ônibus fez uma parada de descanso diante da estação ferroviária de Vyborg, última cidade russa antes da fronteira com a Finlândia. Sob um sol brilhante, que se deixava entrever por entre os flocos de neve, agasalhei-me bem e saí a explorar as redondezas.

Deparei com uma velhinha que remexia numa pilha de trastes, procurando qualquer coisa que pudesse utilizar ou vender por umas moedinhas. Tirei do bolso os meus últimos rublos e disse-lhe: «Babouchka, aceite-os por favor». Ela olhou-me diretamente nos olhos, sorrindo de modo radiante. Percebi então que era menos idosa do que aparentava. Para não perder o meu ônibus, voltei a entrar rapidamente na estação.

Ao subir, ouvi uma voz detrás de mim e voltei-me. Era a anciã, que corria apressadamente para mim: um sorriso iluminava-lhe o rosto, ao mesmo tempo que estendia a mão para mim, oferecendo-me um ramalhete de flores. Aceitei-o e ela desapareceu sem dizer uma palavra.

PRÓLOGO DO AUTOR

Atravessamos a fronteira, deixando para trás a minha querida Rússia. Recostei a cabeça e fechei os olhos, imaginando a velhinha comprando as flores com aquele dinheiro do qual necessitava tão desesperadamente e sem saber se conseguiria encontrar-me de novo. Fiquei maravilhado com o seu desprendimento e a sua generosidade. Invadiu-me uma grande alegria e senti um profundo amor pela vida, junto com um desejo de converter-me, de purificar o meu coração, de ser melhor.

Não é estranho que um encontro com a bondade, como este, faça a nossa alma voar.

Neste livro e nos seminários sobre liderança que dirijo a públicos de culturas, línguas e religiões muito diversas, esforço-me por transmitir o que essa velha senhora de Vyborg me transmitiu. Não há nada que mais me satisfaça do que comprovar que os meus leitores, os meus alunos e os participantes dos meus seminários de liderança passam a alimentar um novo desejo de crescer de verdade na prática cotidiana das virtudes humanas. Quando compreendem que a liderança é um serviço — virtude em ação! —, vejo que as suas almas voam como se tivessem ganho asas.

Introdução
A essência da liderança: o caráter

A liderança não é apenas aquilo que podemos imaginar de forma superficial. Ao ouvirmos esta palavra, imaginamos chefes de Estado ou de Governo dirigindo nações, chefes de empresa lançando no mercado produtos que mudarão as nossas vidas, generais no comando dos seus exércitos em pleno campo de batalha. Pensa-se que consiste numa amálgama de ambição, carisma, habilidade, competência, dinheiro, e no dom de estar no lugar certo no momento certo.

Sem dúvida, trata-se de talentos e qualidades que devem ser aproveitados ao máximo, mas nenhum deles constitui a essência da liderança.

A essência da liderança é o caráter.

Alguns pensam que a pessoa precisa ter nascido para mandar, que certas pessoas sabem fazê-lo e outras não, que a liderança é fundamentalmente uma questão de temperamento combinado com experiência. Nem toda a gente, supõem eles, pode ser um De Gaulle, um Churchill ou um Roosevelt.

Nada mais longe da verdade. A liderança não é exclusividade de uma elite. Não é uma vocação para poucos, mas para muitos. Chefes de Estado e professores de escola, diretores de empresa e donas de casa, generais, médicos e enfermeiros, todos são chamados a exercer a liderança. Espera-se de todos eles que sejam homens e mulheres com caráter e com virtudes, que trabalhem movidos por uma visão magnânima daqueles que têm sob a sua responsabilidade. E a nossa decepção é grande quando fracassam.

Os escândalos empresariais dos nossos dias clamam por uma maior intervenção dos órgãos públicos, por uma reforma na direção das empresas e por uma revisão dos códigos de ética profissional.

Tudo isso pode ser feito, mas não se pode esquecer o fundamental. Os que cometem delitos na gestão das empresas sabem perfeitamente que agem mal. E, no entanto, persistem. Demonstram assim uma enorme falta de caráter.

Martin Luther King sonhava com uma América em que se julgasse um homem «não pela cor da sua pele, mas pelo conteúdo do seu caráter».

Qual é o conteúdo do caráter? As virtudes ou, mais exatamente, o conjunto de virtudes humanas, como a magnanimidade, a humildade, a prudência, a fortaleza, o autodomínio ou a justiça. Este livro trata de todas elas.

Afirmo que, se um líder não se esforça por crescer em virtude como o seu próprio respirar, será líder só de nome. A virtude, com efeito, é mais que um simples valor: é uma força dinâmica que aumenta a capacidade de ação, característica tão necessária ao líder. A virtude, por outro lado, gera confiança, e sem confiança torna-se impossível liderar.

Este livro dirige-se aos que desejam alcançar um grande objetivo na vida, e que objetivo é superior à busca da excelência?

Neste feixe de considerações, procura-se definir as virtudes humanas essenciais para a liderança (Partes I e II), examina-se como os líderes crescem em virtude (Parte III), demonstra-se como as virtudes conduzem à realização pessoal (Parte IV) e analisa-se a influência que as virtudes sobrenaturais da fé, esperança e caridade exercem na liderança (Parte V).

Virtudes & Liderança é o resultado de numerosos seminários (com esse mesmo nome) que venho dirigindo há anos e, principalmente, o resultado das perguntas que invariavelmente são formuladas pelos participantes. «Isso que você diz sobre a virtude está certo, mas eu ando muito ocupado com o meu trabalho e a minha família. Como é que posso, na prática, atingir essa excelência pessoal de que fala?»

A resposta está no capítulo final deste livro: «Um programa para vencer». Nele poderá encontrar-se uma metodologia bem comprovada para que precisamente pessoas com uma agenda profissional apertada alcancem a excelência pessoal.

Antes de apresentar o sistema das virtudes do ponto de vista da liderança, é necessário explicar, ainda que brevemente, os conceitos de caráter, virtude e temperamento.

* * *

«É através do caráter que se exerce a liderança»[1], afirma Peter Drucker, teórico famoso da gestão empresarial.

O seu colega Warren Bennis tem a mesma opinião: «Liderança é outra palavra para designar coerência, constância e equilíbrio na própria vida»[2]. Ora, a coerência, a constância e o equilíbrio não surgem espontaneamente. Temos de adquiri-los mediante o nosso próprio esforço. E esse esforço já constitui um ato de liderança.

Portanto, a liderança não está relacionada com o temperamento, já que o temperamento é determinado pela natureza. O temperamento de uma pessoa é fleumático ou sanguíneo, não por ela o ter escolhido, mas porque a natureza assim o decidiu.

A liderança só pode ser uma questão de caráter. E o caráter não nos é imposto pela natureza: podemos modificá-lo, modelá-lo, fortalecê-lo e, ao proceder assim, adquirimos a coerência, a constância e o equilíbrio de que fala Bennis.

Fortalecemos o nosso caráter pela prática de hábitos

---

(1) P. Drucker, *The Practice of Management*, Elsevier, Oxford, 2005, pág. 155.
(2) W. Bennis e J. Goldsmith, *Learning to Lead: A Workbook on Becoming a Leader*, Nicholas Brealey Publishing, Londres, 1997, pág. 8.

morais, denominados virtudes éticas ou virtudes humanas. Quando agimos assim, o caráter produz uma marca indelével no nosso temperamento, o qual deixa de comandar a nossa personalidade.

As virtudes são qualidades da inteligência, da vontade e do coração. Conferem força ao caráter e estabilidade à personalidade; e adquirem-se mediante a repetição de atos.

Platão definiu como principais quatro virtudes humanas: a prudência, a justiça, a fortaleza e a temperança ou autodomínio. São as chamadas virtudes cardeais (do latim *cardo* ou «gonzo»), porque nelas se baseiam as demais virtudes. Cada uma das virtudes *não cardeais* está ligada a uma das virtudes *cardeais* e dela depende.

No *Livro da Sabedoria* lemos: *A sabedoria [...] ensina a temperança e a prudência, a justiça e a fortaleza, as virtudes mais proveitosas para os homens na vida*[3]. É um eco no Antigo Testamento do ensinamento de Platão, o que demonstra a grande estima que os judeus tinham pela sabedoria dos gregos.

É necessário mencionar outras duas virtudes: a magnanimidade e a humildade. São duas virtudes fundamentais, embora a tradição não as conte entre as cardeais. Para os gregos, a humildade dependia da virtude cardeal do autodomínio, e a magnanimidade, da virtude cardeal da fortaleza.

A virtude é uma força dinâmica, como sugere a pala-

---

(3) Sab 8, 7.

vra latina da qual procede, *virtus*, que significa «força» ou «poder». Cada virtude, quando praticada habitualmente, melhora progressivamente a nossa capacidade de agir.

As seis virtudes que acabamos de mencionar permitem -nos:

– tomar boas decisões (*prudência*);

– manter o rumo e resistir a qualquer tipo de pressões (*fortaleza*);

– submeter as paixões ao espírito e dirigi-las à realização da nossa missão (*autodomínio*);

– dar a cada um o que é seu e entrar no coração dos outros (*justiça*);

– corresponder à nossa vocação, realizar a nossa missão, estabelecer objetivos pessoais elevados para nós mesmos e para os outros (*magnanimidade*);

– ultrapassar o nosso ego e servir os outros de forma habitual (*humildade*).

As virtudes não são um *substituto* da competência profissional; são, mais propriamente, uma *parte substancial* dela. Posso ter um doutoramento em Psicologia e trabalhar como consultor, mas, se me faltar prudência, que conselho vou dar aos meus clientes? Posso ter um MBA e ser diretor-geral de uma multinacional, mas, se carecer de fortaleza, poderei manter as minhas decisões em face de uma intensa oposição? Posso ter um diploma em teologia e exercer o ministério sacerdotal ou episcopal, mas, se me faltar magnanimidade, não ficarei estancado como indivíduo e como crente, conduzindo o meu rebanho para as areias movediças da mediocridade?

A competência profissional é muito mais do que a simples posse de uns conhecimentos técnicos ou acadêmicos: envolve a capacidade de utilizar bem esses conhecimentos para fins proveitosos.

O que caracteriza um líder é a sua magnanimidade e a sua humildade. O líder tem um sonho, um sonho do qual nascem invariavelmente um ideal e uma missão. A magnanimidade é a virtude que produz nele esse elevado estado do espírito.

Mas a liderança não consiste apenas em *pensar grande*. Um líder é sempre um servidor: um servidor dos seus companheiros, dos seus empregados, dos seus filhos, dos seus concidadãos, um servidor de toda a humanidade. A essência do serviço é a humildade. Ao praticar a humildade, o líder respeita a dignidade conatural daquele a quem serve e, em particular, a dos que participam numa missão comum.

Magnanimidade e humildade são virtudes inseparáveis na liderança. A magnanimidade é a origem das ambições nobres, a humildade canaliza essas ambições para o serviço aos outros.

A magnanimidade e a humildade são, por excelência, virtudes do coração. Conferem ao líder que as possui uma importante dose de carisma, que não é esse «dom» de eletrizar as multidões que algumas pessoas possuem. Com esse duvidoso talento, pode-se gerar entusiasmo a curto prazo, mas poucas vezes confiança; ao final, acaba-se por provocar riso e desprezo. Mussolini é um bom exemplo disso. A liderança não é demagogia, mas virtude provada pelo tempo.

A magnanimidade está em crise. A estranha mistura de individualismo e coletivismo da sociedade moderna produz gerações de pusilânimes..., gente sem ideal, sem missão, sem vocação: «os entrevados de coração», como disse Jacques Brel. Cada um defende as fronteiras do seu próprio ego (individualismo), desse ego que a sociedade considera como um átomo de inexistência (socialismo). Isto leva ao seguinte resultado: «Eu, eu, eu e nada mais do que eu», mas «eu como não outro», «eu como refugo», «eu como excremento».

Também a humildade já teve dias melhores. A cultura moderna considera-a com desprezo como a virtude do serviço. A palavra «serviço» era antigamente uma das palavras mais nobres que se podiam pronunciar. No Japão, dava-se ao «servidor» o bonito nome de *samurai*. Hoje em dia, quando falamos de serviço, pensamos em serviços comerciais, em serviços remunerados.

Se a magnanimidade e a humildade – que constituem os *pilares* da liderança – são principalmente virtudes do coração, já as virtudes cardeais da prudência, justiça, fortaleza e autodomínio – que constituem os *alicerces* da liderança – são sobretudo virtudes da inteligência e da vontade. Dentre as virtudes cardeais, a prudência, virtude específica dos que têm que tomar decisões, é a mais importante: para dirigir com eficácia, precisa-se sobretudo da capacidade de tomar boas decisões.

Ao gerar confiança, a virtude cria o espaço necessário

para que entre em jogo a liderança. Aqui a humildade e a prudência são vitais: a confiança surge quando os outros sabem que tenho o desejo de servi-los e desaparece quando descobrem que sou incapaz de tomar boas decisões.

Se eu quiser substituir a humildade por técnicas de comunicação, não terei êxito como líder. Assim o diz Stephen Covey:

> Quando trato de usar estratégias de influência e táticas para conseguir que os outros façam o que eu quero, que trabalhem melhor, que se sintam mais motivados, que eu consiga agradar-lhes e que haja entre eles um bom relacionamento, nunca poderei ter êxito a longo prazo se o meu caráter for fundamentalmente imperfeito e estiver marcado pela duplicidade e pela falta de sinceridade. A minha duplicidade alimentará a desconfiança e tudo o que eu fizer (mesmo que aplique boas técnicas de "relações humanas") será entendido como manipulação[4].

Os líderes jamais manipulam os outros. Só muito raramente lançam mão da *potestas*, ou seja, do poder próprio do seu cargo; dirigem principalmente mediante a *autoritas*, a autoridade que emana do seu caráter. Os que carecem de *autoridade* e sucumbem à tentação de exercer um *poder* excessivo não são líderes: são usurpadores. É um círculo vicioso: aquele que carece de autoridade tende a abusar do seu poder, e isso provoca uma erosão ainda

---

(4) S. Covey, *The seven habits of people highly effective*, Free Press, Simon & Schuster, Nova York, 2003, págs. 21-22.

maior da sua autoridade: ele próprio bloqueia definitivamente o caminho para a autêntica liderança.

Como a liderança é uma questão de virtude e a virtude é um hábito adquirido pela prática, pode-se afirmar sem temor de errar que ninguém nasce líder, mas chega a ser líder mediante o treino e a prática. Nem todo o mundo pode chegar a ser presidente, primeiro-ministro, ganhar o Prêmio Nobel de literatura ou jogar de centroavante no Real Madrid. No entanto, todos podem crescer em virtudes.

A liderança não exclui nenhuma pessoa.

O verdadeiro líder não tem uma visão utilitarista da virtude. A virtude não é algo que ele cultive acima de tudo para ter *eficácia* no que faz. Cultiva a virtude em primeiro lugar para ser uma pessoa *melhor*. *Areté*, a palavra grega para virtude, significa excelência no ser antes que excelência no agir. A bem dizer, a excelência no agir não é senão uma consequência da excelência no ser.

Parte I
Grandeza e serviço

A magnanimidade e a humildade são, pois, virtudes que caracterizam o líder.

A magnanimidade é a força que leva o espírito a lançar-se a coisas grandes. Todo aquele que procura a grandeza e se esforça por estar à altura dela é magnânimo. A magnanimidade mergulha as suas raízes numa firme confiança nas mais altas possibilidades da natureza humana.

A humildade é o hábito de viver na verdade: na verdade sobre Deus, sobre os outros, sobre si mesmo. Também é uma atitude de serviço à família, aos amigos, aos colegas e clientes, à sociedade e à humanidade inteira. Suscita no coração do líder o desejo de servir incondicionalmente.

1. Magnanimidade: o sentido de missão

> *O importante é a grandeza do projeto.*
> Joseph Brodski, Prêmio
> Nobel de Literatura

Os líderes são magnânimos. O seu sonho é conquistar o cume da excelência pessoal e do desempenho profissional.

A definição clássica de magnanimidade é *extensio animi ad magna,* a tensão do espírito para as coisas grandes. A palavra latina *magnanimitas* é a tradução do grego *megalopsychia.* O seu oposto é *micropsychia*, que significa pusilanimidade ou estreiteza de espírito.

Uma pessoa estreita de espírito não pode conceber nada grande. É-lhe profundamente alheia a ideia de que a vida tem um objetivo elevado. Ivanov, o personagem central da obra de mesmo nome, de Anton Tchekhov, dá-nos um conselho que não deve ser seguido por alguém que sonhe em ser magnânimo:

«Querido amigo, você terminou a universidade no ano passado e ainda é jovem e valente. Aos meus trinta e cinco anos, tenho o direito de aconselhá-lo... Escolha uma jovenzinha comum e corrente, que não tenha originalidade nem uma personalidade brilhante. Planeje a sua vida para gozar de tranquilidade: quanto mais plana e mais monótona, melhor... Esse é o meio agradável, razoável e sadio de viver»[5].

---

(5) A. Tchekhov, *Ivanov*, Ato I, Cena V.

Os líderes são magnânimos nos seus sonhos, nos seus ideais, no seu sentido de missão, na sua confiança e na sua audácia; no entusiasmo com que se esforçam por chegar à meta; na tendência a utilizar meios proporcionados aos seus objetivos; na capacidade de estabelecer objetivos pessoais elevados para si mesmos e para aqueles que os rodeiam.

Meditemos no exemplo dos notáveis que fundaram a União Europeia: Robert Schuman, Jean Monnet, Konrad Adenauer e Alcide de Gasperi. Compreenderam que a chave para superar séculos de divisões, de conflitos e de guerras ruinosas era a integração, a fusão dos interesses nacionais, mais do que a simples cooperação tradicional.

Robert Schuman, ministro das Relações Exteriores francês, considerava a amizade franco-alemã como condição necessária para a integração europeia. Esta visão da Europa era algo surpreendente, tanto mais que a maior parte dos franceses continuava a ver na Alemanha um agressor potencial e, além disso, o próprio Schuman havia sido prisioneiro da Gestapo. Schuman foi capaz de dominar os preconceitos nacionais em vista do bem comum geral da Europa e do da Alemanha e da França em particular.

Como observou o chanceler alemão Konrad Adenauer, «a impactante e audaz iniciativa de Robert Schuman foi um ato de extraordinário significado [...]. Graças à sua prudência e aos seus valores, foi possível assentar os fundamentos da reconciliação entre os nos-

PARTE I - GRANDEZA E SERVIÇO   31

sos dois povos e da construção de uma Europa unida e forte»[6].

Dean Acheson, Secretário de Estado americano, escreveu nas suas Memórias: «Schuman via uma Europa unida numa época em que era difícil que alguém tivesse qualquer tipo de visão na França»[7].

Em 1960, o Parlamento Europeu, por unanimidade, declarou Schuman «Pai da Europa», título que nenhum outro teria ousado reclamar[8].

Como Robert Schuman, Ronald Reagan tinha um ponto de vista radicalmente oposto ao dos princípios políticos em voga no seu tempo. Longe de ver o comunismo como um fator permanente da paisagem política, com o qual o Ocidente não teria outra escolha senão entender-se ou desaparecer, Reagan estava determinado a pôr-lhe fim. E conseguiu-o mediante a sua política exterior e de defesa, mas também repetindo com valentia a verdade sobre a natureza do regime soviético.

Peggy Noonam, que escrevia os discursos de Reagan, observa:

«Reagan estava convencido de que a verdade é o único alicerce sobre o qual se pode construir algo sólido, bom

---

(6) Cf. R. Lejeune, *Robert Schuman - Padre de Europa*, Palabra, Madrid, 2002.

(7) Cf. R. Lejeune, *op. cit.*, cap. 15.

(8) Schuman não é responsável de que a política atual da UE no campo da moral social seja de total repúdio aos princípios morais fundamentais reconhecidos pela humanidade até há pouco. Basta pensar na política do Parlamento Europeu no campo da vida (aborto, eutanásia, clonagem, manipulação de embriões humanos) e no campo da família (o «casamento homossexual» com direito à adoção, e ainda a criação do delito de «homofobia» contra os que não compartilham essa linha de pensamento político).

e duradouro, pois só a verdade permanece; as mentiras morrem. Estava convencido de que, na política e nos assuntos mundiais, a mentira, com os seus efeitos exclusivamente destruidores, tinha reinado durante demasiado tempo. Por isso, consagrou a sua carreira política a lutar contra esses efeitos destruidores mediante a verdade, que não cessava de repetir e de difundir»[9].

Reagan distinguia perfeitamente o povo russo do comunismo, a vítima do seu carrasco[10]. Estava persuadido de que o comunismo não demoraria a desaparecer «nas cinzas da história». Durante a sua visita a Berlim, em 12 de junho de 1987, desafiou Mikail Gorbachov a «destruir este muro», o famoso Muro de Berlim. Dois anos mais tarde, o «Muro da vergonha» desaparecia nas cinzas da história.

Como Ronald Reagan, Lech Walesa, eletricista polonês e fundador do sindicato *Solidariedade*, contribuiu significativamente para as gigantescas mudanças políticas ocorridas na Polônia e em toda a Europa do Leste, à força de insistir em atribuir às palavras o seu real significado. O comunismo pregava a solidariedade social, mas governava por meio da repressão. Pretendia representar as classes trabalhadoras, mas proibia os sindicatos, os convênios coletivos e o direito de greve. Walesa preferiu defender

---

(9) P. Noonan, *When Character was King, A Story of Ronald Reagan*, Penguin Books, Nova York, 2002, págs. 200-201.

(10) Ao contrário de Reagan, que era anticomunista, mas se considerava amigo do povo russo, a grande maioria dos intelectuais e políticos ocidentais, que antigamente elogiavam os méritos do comunismo, jamais demonstraram a menor simpatia pelo povo russo. São provavelmente os mesmos que hoje em dia caluniam a Rússia nos meios de comunicação social.

PARTE I - GRANDEZA E SERVIÇO

o significado real desses conceitos; não assestou um golpe contra o comunismo, mas sim um golpe a favor da verdade, um golpe do qual o comunismo não conseguiu recuperar-se.

Como observou George Weigel:

«O êxito do Solidariedade foi que milhões de pessoas, entre elas numerosos não cristãos, se comprometeram a viver valores cristãos: a honestidade levantou-se como antídoto contra as mentiras comunistas em todos os campos; a fortaleza permitiu enfrentar a brutalidade comunista; a fraternidade proporcionou os meios para resistir às tentativas do comunismo de dividir para governar»[11].

Corazón Aquino, presidente das Filipinas de 1986 a 1992, é outro exemplo de política com ideais. Depois do assassinato do marido, o popular senador Benigno Aquino, Cory Aquino converteu-se na pedra angular da oposição a Ferdinand Marcos, o presidente autocrata. Apoiada pela maioria dos filipinos, que estavam convencidos de que o governo tinha ordenado a morte do seu marido, Corazón Aquino anunciou repentinamente a sua intenção de se apresentar como alternativa a Marcos nas eleições presidenciais de 1986. Os resultados oficiais declararam Marcos vencedor, mas a fraude era demasiado evidente. Os dois candidatos reclamavam a vitória para si. Centenas de milhares de seguidores de Cory Aquino invadiram as ruas numa demonstração em massa do po-

---

(11) G. Weigel, *The Cube and the Cathedral*, Basic Books, Nova York, 2005, pág. 129.

der popular. Com o país contra si, Marcos teve que fugir para o exterior, depois que o exército se negou a intervir em seu apoio.

«Assumi os poderes da ditadura pelo tempo suficiente para aboli-la – comentava Cory Aquino uns anos tarde –. Tinha o poder absoluto, mas utilizei-o com moderação. Estabeleci tribunais de justiça independentes, que pudessem questionar o meu poder absoluto, e um Parlamento que pudesse suprimi-lo»[12].

Corazón Aquino tinha uma visão moral da vida. Pensava que era seu dever lutar pelo bem comum, e que isso implicava na criação de uma ordem social justa para cada filipino. Nunca aceitou a ideia de democracia por amor à democracia: «Sem valores verdadeiros, uma democracia não passa de uma confederação de loucos»[13], afirmou.

Cory Aquino foi um exemplo notável de sinceridade, simplicidade e integridade na política. Ocupou o cargo durante seis anos e depois optou por não se reapresentar. Ainda hoje os filipinos a consideram como a líder que unificou a sua nação.

Há dois grandes líderes políticos de princípios do século XX que passarão para a história como exemplos notáveis de magnanimidade: Piotr Stolypin, primeiro-ministro da Rússia sob o reinado do último czar Nicolau II, e Carlos de Habsburgo, imperador do império austro-húngaro.

---

(12) C. Aquino, Discurso ao Congresso Internacional de Estudantes UNIV, Roma, março de 1993.

(13) *Ibid.*

PARTE I - GRANDEZA E SERVIÇO   35

Piotr Stolypin foi primeiro-ministro de 1906 a 1911. Considerado como o mais brilhante dos chefes de governo de Nicolau II, foi o único a apresentar uma proposta capaz de conter a onda de terror e de revolução que vinha assolando a Rússia durante os decênios anteriores. O seu plano consistia em dar aos agricultores e à classe operária russa um lugar dentro do sistema econômico, de tal modo que, pela primeira vez na história da Rússia, essas classes pudessem beneficiar-se do fruto do seu trabalho. Tentou levar a cabo uma transformação jurídica e administrativa do império, e a reforma agrária constituía a pedra de toque desse programa.

Era uma empresa arriscada do ponto de vista político: tanto socialistas como conservadores professavam uma veneração quase mística pelos *mir* ou comunas do povo, uma forma de propriedade coletiva da classe camponesa. As comunas eram do agrado dos socialistas, porque viam nelas um precedente histórico, um modelo para estender o socialismo a toda a vida econômica e social do país. Quanto aos latifundiários conservadores, encaravam a comuna como a base do seu poder e da sua influência.

Por temperamento, educação e tendência política, Stolypin era conservador, mas, pela prudência que o caracterizava, era acima de tudo realista. Compreendia que a comuna era moralmente injusta, economicamente ineficaz e a primeira causa da instabilidade social. Pelo sistema de redistribuir a terra cultivável a cada três anos, segundo o princípio da igualdade, a comuna eliminava a responsabilidade de cada agricultor, que via como algo impossível melhorar a sua sorte e, por conseguinte, desanimava. Com o tempo, a comuna converteu-se num terreno ideal para a agitação revolucionária.

O projeto de reforma agrária de Stolypin, cujo objetivo era fazer do agricultor «proprietário», deparou com a feroz oposição dos socialistas, que temiam com razão que a reforma agrária fizesse desaparecer a própria fonte de insatisfação que eles pretendiam explorar. Os poderosos latifundiários opuseram-se às reformas com o mesmo furor: percebiam que uma classe camponesa forte poria fim ao sistema social em que se baseava o seu poder. Temendo a cólera da oposição, o czar desautorizou a atuação do seu primeiro-ministro.

Alexander Solzhenitsyn afirmou que, se a Rússia tivesse adotado o programa de reforma agrária de Stolypin, ter-se-ia formado um estamento camponês independente e a nação teria evitado o bolchevismo.

Embora estivesse só e isolado, Stolypin não abandonou a luta em momento algum. Dedicou todas as suas forças ao que considerava sua missão, até que foi assassinado, em setembro de 1911, por Dimitri Bogrov, personagem sinistro ligado simultaneamente aos terroristas revolucionários e à polícia secreta czarista.

Carlos de Habsburgo, último imperador austro-húngaro, subiu ao trono em 1916, dois anos depois de ter eclodido a Grande Guerra. Tinha 29 anos de idade.

Compreendeu imediatamente que a sua missão era deter o conflito: «Desde a minha subida ao trono – disse –, não cessei de poupar às minhas nações os horrores da guerra, que se desencadeou sem que eu tivesse qualquer responsabilidade». O historiador Warren Carroll, comentando a iniciativa de paz de Carlos, em fevereiro de 1917, considerou-a «de longe a mais autêntica e a mais desinteressada de todas as ofertas de paz apresentadas pelos chefes de governo dos partidos beligerantes durante toda a guerra». «O imperador Carlos oferece a paz – escreveu Anatole France –. É o único homem honesto que ocupa um posto importante nesta guerra, mas não o escutam... Tem um sincero desejo de paz, e por isso todo o mundo o odeia».

Naqueles tempos de ódio e de violência desenfreada, o imperador foi um homem de paz. Tomou as suas decisões baseando-se no bem e na justiça. Proibiu às forças armadas austro-húngaras o uso do gás de mostarda, os bombardeios aéreos das cidades, a pilhagem e as destruições injustificadas. Em abril de 1917, foi informado de um plano do alto comando alemão que consistia em repatriar para a Rússia Lenin e outros bolchevistas, então exilados na Suíça, a fim de que fomentassem a revolução nesse país e assim o fizessem sair da guerra. O imperador opôs-se firmemente a esse plano e negou-se a permitir que o trem que transportava Lenin e os seus colaboradores atravessasse a fronteira austríaca. Furioso, o governo alemão teve que fazer o famoso trem passar pela Suécia. Anos mais tarde, a imperatriz Zita explicou que o seu marido não tinha querido atuar «de forma desleal e irresponsável» para com o povo russo.

Se os líderes políticos do século XX tivessem agido

com o mesmo sentido do bem e da justiça, o século passado poderia ter sido radicalmente diferente. Em geral, os historiadores estão de acordo em afirmar que a Primeira Guerra Mundial deu o tiro de largada ao bolchevismo na Rússia e ao nazismo na Alemanha e, por isso, foi a causa da Segunda Guerra Mundial e da guerra fria.

Em 11 de novembro de 1918, Carlos de Habsburgo foi obrigado a renunciar ao trono austro-húngaro. Três anos depois, após múltiplos sofrimentos, morreu no exílio, na ilha da Madeira, aos 34 anos de idade. Deixava viúva e oito filhos.

É possível que esse homem de alma grande tivesse fracassado na sua missão (o espírito do mal propagou-se pela Europa como nunca o fizera antes), mas triunfou totalmente como líder. Nisso se parece com Stolypin. Os dois foram exemplos notáveis de magnanimidade para as gerações futuras.

O mundo dos negócios, assim como o da política, é um terreno privilegiado para os homens e mulheres de sonhos e ideais. No entanto, como esse mundo está ligado ao dinheiro, alguns o veem como pouco propício para a magnanimidade. Pensam que o mundo empresarial oferece poucas oportunidades de exercer a grandeza pessoal, apesar de compreenderem a sua utilidade social: proporciona-nos os bens de que necessitamos e os que pensamos necessitar, desde o papel higiênico até os iPods, passando pela Coca-Cola e pelo creme dental.

Há trezentos anos, o panfletista inglês Bernard Man-

PARTE I - GRANDEZA E SERVIÇO

deville difundiu a crença, hoje tão estendida, de que a indústria e o comércio são atividades malsãs, mas necessárias. Em sua opinião, os *vícios pessoais* como a luxúria, a cobiça e a inveja produzem *lucros sociais* incontestáveis ao incentivarem a empresa: «Cada parte é viciosa, / mas o conjunto é o paraíso»[14].

Deve-se dizer, porém, que, para numerosos empresários e dirigentes, o «negócio» não consiste principalmente em ganhar dinheiro. É antes um instrumento de engrandecimento pessoal e coletivo, um meio de realizar com outras pessoas algo nobre e útil. Os *verdadeiros* homens de negócios não são movidos nem pelo lucro financeiro pessoal, nem pelo desejo obsessivo de aumentar o valor das ações da sua empresa na bolsa. O lucro é um elemento necessário da empresa, mas não constitui a sua finalidade.

Será que se pode dizer que John D. Rockefeller, que de simples empregado de banco passou a ser um dos homens mais ricos do mundo, foi um grande homem? Ou que Andrew Carnegie, que começou por ser um simples trabalhador com um salário de 1,20 dólar por semana, numa fábrica de algodão de Pittsburgh, e se converteu no magnata do aço mais importante dos Estados Unidos, foi um grande homem?... O que admiramos nestes «heróis empresariais» não é terem executado um projeto original, mas terem-se feito a si mesmos, e nada mais. Evidente-

---

(14) B. Mandeville, *The Fable of the Bees: or Private Vices, Public Benefits*, At the Clarendon Press, Oxford, 1714.

mente, Rockefeller e Carnegie tinham sonhos, mas não eram os sonhos de um líder. Não tinham uma *missão*, tinham somente um *objetivo*: o de serem os seus próprios patrões[15].

Carnegie escreveu:

«Há algum futuro empresário que, pensando no que vai ser, se imagine trabalhando toda a vida por um ordenado fixo? Não. Essa é a fronteira entre a empresa e o que não é empresa: a pessoa é o seu próprio patrão e depende do lucro, o outro é um servidor e depende do seu ordenado»[16].

Esta visão de Carnegie não é um projeto, produto da magnanimidade; é uma apologia da arrogância.

Alguém poderia pensar que estes magnatas da empresa demonstram a sua magnanimidade quando doam milhões de dólares a uma instituição cultural ou beneficente. Na realidade, porém, essas operações espetaculares e teatrais assemelham-se mais à filantropia que à magnanimidade, sobretudo se o doador dá do que lhe sobra, sem qualquer sacrifício pessoal. A magnanimidade exige o dom de si mesmo; é muito mais do que assinar um cheque, por muito generoso que seja.

Em contraste com Rockefeller e Carnegie, Darwin Smith e François Michelin são claros exemplos de magnanimidade na vida empresarial.

---

(15) Cf. R. B. Reich, «Entrepreneurship Reconsidered: The Team as Hero», em *Harvard Business Review*, 1 de maio de 1987, pág. 78.

(16) A. Carnegie, *The Empire of Business*, Doubleday, Nova York, 1902, pág. 192. Citado em «Entrepreneurship Reconsidered», *op. cit.*

PARTE I - GRANDEZA E SERVIÇO 41

Darwin Smith foi o cérebro da admirável recuperação da Kimberly-Clark, uma importante indústria de papel nos Estados Unidos. Quando Smith tomou as rédeas da Kimberly-Clark, a empresa estava à beira da falência. O valor das suas ações tinha caído 40% em comparação com os vinte anos anteriores: a sua principal atividade, a produção de papel couché, tinha-se tornado um negócio pouco rentável.

Se era verdade que a Kimberly-Clark já não gozava de boa saúde financeira, a saúde de Smith era ainda pior. Dois meses antes de ser nomeado diretor-geral, foi-lhe diagnosticado um câncer de garganta e de nariz. No entanto, Smith assumiu uma carga de trabalho extenuante, que o obrigava a deslocar-se semanalmente entre o escritório principal, em Wisconsin, e o hospital onde se submetia a sessões de quimioterapia, em Houston. Ainda que os médicos lhe dessem apenas poucos anos de vida, manteve esse ritmo de trabalho durante vinte anos e a maior parte deles no cargo de diretor-geral.

«Com essa mesma energia – escreve Jim Collins –, Smith empenhou-se em reconstruir a Kimberly-Clark. Tomou a decisão mais dramática de toda a história da empresa: vender as fábricas, incluídas as que a Kimberly possuía em Wisconsin. Pouco depois de ser nomeado diretor-geral, Smith e a sua equipe concluíram que o núcleo tradicional do negócio, o papel acetinado, estava condenado a ruir: a sua rentabilidade era muito baixa e a sua competitividade fraca. No entanto, pensaram que, se a Kimberly-Clark se metesse em cheio na indústria de papel para o grande público, numa concorrência de nível mundial, como a da Procter & Gamble, isso a forçaria a triunfar com toda a pompa ou a morrer. Da mesma forma que o conquistador que queimou as suas naves depois de ter chegado a uma terra desconhecida, forçando-se desse modo a ter êxito ou morrer, Smith anunciou a sua decisão de vender as fábricas e dedicar todos os recursos ao negócio de produtos de consumo, investindo em marcas como Huggies e Kleenex»[17].

Wall Street mostrou-se desconfiada. As ações da Kimberly-Clark continuaram a cair. Os jornalistas predisseram a falência iminente da empresa.

Apesar disso, Smith manteve-se firme. Sem hesitar um segundo, passou serenamente a pôr em prática o seu novo plano, transformando um gigante industrial em vias de extinção num líder mundial do papel de grande consumo. A empresa gerou lucros quatro vezes superiores à média do mercado, ultrapassando de longe rivais como a Scott Paper e a Procter & Gamble.

Refletindo sobre os resultados obtidos, Smith observou: «Nunca deixei de fazer os esforços necessários para estar à altura da minha tarefa». Esta afirmação é uma prova da sua humildade. Também atesta os seus extraordinários dotes de líder, que lhe permitiram elaborar um plano estratégico audaz e pô-lo em prática. Para virar as costas a um passado centenário de uma empresa e arriscar o seu

---

(17) J. Collins, *Good to Great*, Random House, Nova York, 2001, págs. 17-18, 20.

PARTE I - GRANDEZA E SERVIÇO

futuro com uma transformação importante do modelo econômico, é necessário ter uma visão e uma liderança fora do comum.

François Michelin, ex-diretor do grupo Michelin, transformou a sua empresa e todo o setor industrial mediante um plano clarividente: o lançamento no mercado de um sofisticado pneu de tecnologia radial. Insatisfeito com o método clássico de fabricação de pneus, Michelin soube resistir à sabedoria tradicional dos especialistas da indústria, «esses velhos diplódocos que preferem extrapolar curvas em vez de acreditar na imaginação humana»[18]. Bom engenheiro, além de homem de negócios, foi o primeiro a perceber o potencial do pneu de tecnologia radial. Possuía as qualidades de liderança necessárias para convencer uma grande empresa e todo um setor industrial, ambos unidos pela mesma visão tradicional, e conseguir que aderissem ao seu plano audacioso.

O plano de Michelin inspirava-se na sua fé cristã. Via o trabalho como um ato de cooperação com a criação divina e percebia a nobreza do esforço do homem por criar os melhores produtos possíveis. Estava convencido de que cumpriria o plano de Deus se soubesse exigir dos seus colegas uma criatividade sempre maior. Como observa Jean Couretas, «Michelin tinha uma visão sacramental da vida; via em qualquer coisa a sinergia, a ação comum

---

(18) J. Couretas, «Philosopher on the Factory Floor: The Sacramental Entrepreneurship of François Michelin», Acton Institute for the Study of Religion and Liberty, comentário na Internet (www.acton.org), 14 de maio de 2003.

de Deus e do homem»[19]. Essa pessoa clarividente impeliu o grupo Michelin até um nível de liderança mundial: a criatividade do homem, e não os cálculos dos tecnocratas, foi a fonte do seu êxito.

Para François Michelin, o trabalho não consistia primariamente em fazer dinheiro, mas acima de tudo em servir o cliente e os empregados da empresa. É verdade que determinados homens de negócios «praticam o capitalismo selvagem», afirmava ele, «mas o casamento não ficou abolido por existirem pederastas»[20].

As ciências também são um campo de ação privilegiado para a liderança e para os grandes projetos.

Tomemos por exemplo o caso de Jérôme Lejeune, o geneticista francês que, em 1958, aos 32 anos de idade, enquanto examinava os cromossomos de uma das crianças chamadas «mongoloides» (com síndrome de Down), descobriu a existência de mais um cromossomo no par 21. Pela primeira vez na história da medicina, estabelecia-se uma relação entre o atraso mental e uma anomalia cromossômica. Lejeune, um dos geneticistas mais admirados do século XX, converteu-se, nos anos 70, no líder moral do movimento a favor da vida na França e em outros países europeus. Defendeu com entusiasmo a dignidade da pessoa humana numa época em que os parlamentos e

---

(19) *Ibid.*

(20) F. Michelin, «The Heart of Mystery, The Heart of Enterprise», Acton Institute for the Study of Religion and Liberty, comentário na Internet (www.acton.org), janeiro-fevereiro 1999.

os tribunais usurpavam a Deus o direito de decidir quem, entre os inocentes, devia viver e quem devia morrer.

Para Lejeune, a legalização do aborto não era simplesmente um ataque frontal à lei moral natural, mas também uma expressão odiosa de desprezo pela ciência. A genética moderna demonstra que, no mesmo momento em que o óvulo é fecundado pelo esperma, a totalidade da informação genética que define o indivíduo fica inscrita na primeira célula. Depois da fertilização inicial, não entra no óvulo nenhum outro dado genético. Ou seja, a ciência afirma que um ser humano não seria ser humano se não tivesse sido concebido originariamente como tal. As leis que legalizam o aborto baseiam-se na ideia de que o embrião não é uma vida humana, mas evolui até adquiri-la, ideia totalmente falsa do ponto de vista científico.

Para Jérôme Lejeune, a verdade científica era algo que não se pode ocultar à sociedade.

«Se uma lei está mal fundamentada, a ponto de declarar que o embrião humano não é um ser humano, e que Sua Majestade a rainha da Inglaterra não foi senão um chimpanzé durante os primeiros catorze dias de existência, essa lei não é uma lei, mas uma manipulação da opinião. Ninguém é obrigado a aceitar a ciência. Alguém poderia dizer: "Bem, preferimos ser ignorantes; rejeitamos totalmente qualquer descoberta científica". É um ponto de vista possível, sem dúvida; diria até que é um ponto de vista "politicamente correto" em determinados países. Mas acrescentaria que também é um ponto de vista obscurantista, e o obscurantismo repugna à ciência»[21].

No contexto do relativismo moral e do ceticismo intelectual que predomina na cultura europeia dos nossos dias, a causa de Lejeune parece condenada ao fracasso já desde o início. No entanto, como disse a sua filha Clara a este propósito, «o seu realismo estava inspirado numa esperança incrível»[22].

A religião, tal como a ciência, suscita líderes dotados de uma visão magnânima da vida. Uma das pessoas com maior clarividência no terreno religioso dos tempos modernos foi Josemaria Escrivá, fundador da instituição católica Opus Dei[23]. O papa João Paulo II não hesitou em dar a esse sacerdote espanhol o nome de «apóstolo dos leigos para os tempos modernos»[24].

Escrivá fundou o Opus Dei em 1928, numa época em que a santidade era considerada privilégio de poucos: sacerdotes, monges e religiosos. Escrivá afirmava que todos os cristãos, sem exceção, são chamados à perfeição na vida cristã e que, para a maioria deles, a santidade consiste no cumprimento fiel das suas obrigações profissionais, familiares, religiosas e sociais. Concebia o trabalho como um dom de Deus, que permite aos simples mor-

---

(21) J. Lejeune, «Child, Family, State: Scientific Progress and Human Rights», Discurso na conferência de Bulevardi Foorumi, Helsinque, abril de 1990.

(22) Cf. C. Lejeune, *La vie est un bonheur: Jérôme Lejeune, mon père*, Criterion, Paris, 1997.

(23) Cf. D. Le Tourneau, *El Opus Dei*, Oikos-Tau, Barcelona, 1996.

(24) Cf. João Paulo II, *Levantai-vos, vamos!*, Planeta, São Paulo, 2004.

PARTE I - GRANDEZA E SERVIÇO 47

tais ser co-criadores do mundo, com Deus. O trabalho bem feito é um meio de santificação para o trabalhador e um sacrifício oferecido a Deus para a salvação das almas. Embora alguns eclesiásticos «totalmente respeitáveis» tivessem considerado Escrivá como um herege e um louco, o Concílio Vaticano II (1963-1965) ratificou os seus ensinamentos e são muitas as pessoas de todo o mundo que seguem o seu chamado: mais de 400.000 pessoas assistiram à sua canonização, em 6 de outubro de 2002, na praça de São Pedro, em Roma.

João Paulo II, outro gigante espiritual do século XX, é um modelo de magnanimidade. Poderíamos resumir a sua visão do mundo nesta frase da Sagrada Escritura, com a qual inaugurou o seu pontificado: «Não tenhais medo»; e com as palavras do seu testamento pessoal: «À humanidade, que por vezes parece extraviada e dominada pelo poder do mal, do egoísmo e do medo, o Senhor ressuscitado oferece, como dom, o seu amor que perdoa, reconcilia e suscita de novo a esperança».

O papa polonês inaugurou o seu pontificado numa época em que a Igreja Católica mais parecia um cadáver do que um organismo vivo. Durante 25 anos, fez renascer em milhões de católicos, sobretudo entre os jovens, o orgulho de pertencerem à Igreja e serem leais a ela. A esperança de que falou não era uma esperança sentimental, mas uma esperança autêntica e teológica, uma esperança ancorada na fé, uma esperança que exigia um testemunho e umas ações heroicas.

A imensa quantidade de jovens que acolheram o papa

nas suas numerosas viagens pelo mundo e que se reuniu espontaneamente para confortá-lo na sua agonia é uma prova do poderoso impacto que a sua personalidade e a sua mensagem causaram. No momento da sua morte, em 2 de abril de 2005, ninguém podia duvidar de que a Igreja Católica, independentemente dos seus problemas, é um organismo vivo e dinâmico.

João Paulo II era um papa eslavo cuja filosofia da história se inspirava não em Hegel e nos filósofos racionalistas, mas em grandes pensadores poloneses e russos, como Adam Mickiewicz e Vladimir Soloviev. Longe de excluir Deus da história humana, Karol Wojtyla consagrou-se à tarefa de reconhecer os sinais dos tempos, esses sinais que exigem uma resposta ativa por parte dos cristãos de cada época histórica. Como observou George Weigel, o biógrafo do papa:

«Precisamente por estar convencido de que Deus se encontra no centro da história humana, João Paulo II foi capaz de chamar os homens e as mulheres a uma conversão moral e religiosa e de lhes proporcionar ferramentas de resistência que o comunismo não pôde embotar»[25].

Lech Walesa afirma que foi o papa eslavo quem inspirou o sindicato *Solidariedade* e o seu caráter pacífico. «Não nos pediu que fizéssemos uma revolução nem déssemos um golpe de Estado. Sugeriu-nos que nos definíssemos... Então a nação polonesa e muitas outras despertaram»[26].

---

(25) G. Weigel, *op. cit.*, pág. 173.

(26) L. Walesa, Discurso ao Parlamento Polonês por ocasião do 25º aniversário da fundação do *Solidariedade*, agosto de 2005.

PARTE I - GRANDEZA E SERVIÇO   49

A literatura – não menos do que a política, o mundo empresarial, a ciência ou a religião – é um campo privilegiado para o exercício da magnanimidade.

Pouco depois de a polícia política soviética o ter prendido, Alexandr Solzhenitsyn compreendeu o sentido e a amplitude da sua missão: converter-se na voz potente e universal desses milhões de pessoas inocentes, vítimas do comunismo: «Publicarei *tudo*! Proclamarei *tudo*! Toda a dinamite acumulada nas câmaras de Lubianka, passando por todos os clamores dos *steplag*[27] em pleno inverno, em nome de todas as pessoas estranguladas, de todos os fuzilados, de todos os mortos de fome, dos mortos de frio»[28]. Solzhenitsyn compreendeu que devia gritar a verdade «enquanto o pequeno vitelo não quebre o pescoço contra o carvalho ou este comece a fender-se e caia. Eventualidade pouco provável, mas que, no entanto, admito totalmente»[29].

Um escritor que tinha fixado para si um objetivo tão elevado, *em semelhante lugar e época,* constituía para a Rússia e para o mundo inteiro um extraordinário sinal de esperança. A poetisa russa Olga Sedakova, que leu Solzhenitsyn no *samizdat*[30], declarou o seguinte:

---

(27) Complexo de campos de trabalho soviéticos da antiga URSS, situados no Cazaquistão. Eram gerenciados pelo Gulag e agrupavam perto de 30.000 presos.

(28) Alexandr Solzhenitsyn, *Le chêne et le veau*, Editions du Sueil, Paris, 1975, pág. 288.

(29) *Ibid.*, pág. 190.

(30) Palavra russa que significa autoedição. Conjunto de engenhosas técnicas de impressão e distribuição na Rússia comunista, para difundir clandestinamente obras literárias, políticas e religiosas que não podiam ser comercializadas.

«Esta informação sobre a amplitude inimaginável do mal provocado pelo comunismo, esta informação transmitida por Solzhenitsyn e capaz de pulverizar uma pessoa mal preparada, não esgotava o conteúdo da mensagem. Pela sua própria existência e pelo seu ritmo, os documentos de Solzhenitsyn faziam-nos compreender no mais profundo do nosso ser que nenhum mal, nem mesmo um de tal envergadura, por muito bem articulado que estivesse, era todo-poderoso! Era isso o que nos surpreendia, mais que qualquer outra coisa: um homem sozinho em oposição ao sistema quase cósmico da mentira, da estupidez, da crueldade e da destruição. Situações como essa só se apresentam uma vez em cada milênio. E em cada frase percebíamos de que lado estava a vitória. Uma vitória que não era triunfal, como as que ostentava esse regime, mas pascal, que faz passar da morte para a vida. No *Arquipélago Gulag* homens convertidos em pó nos campos de concentração ressuscitavam, um país ressuscitava, a verdade ressuscitava. [...] Ninguém teria podido transmitir tão bem essa força de ressurreição capaz de fazer explodir o universo. Era a ressurreição da verdade no homem – e da verdade sobre o homem –, embora uma coisa semelhante fosse totalmente impossível»[31].

Um líder é, num grau ou noutro, um sonhador. Se forem verdadeiros líderes, os pais terão sonhos sobre os seus filhos, os professores sobre os seus alunos, os diretores so-

---

(31) Olga Sedakova, «A força que não nos abandona», Moscou, *Foma*, 12/2008.

bre os seus empregados; e os políticos terão sonhos (e não ideologias fantasmagóricas) sobre o seu povo.

Os líderes são sempre *originais*, embora na maioria das vezes os seus sonhos incluam elementos tradicionais. Sabem distinguir o que é permanente e o que é temporário na cultura da sua época. Contemplam a sabedoria recebida à luz de uma claridade sempre nova. São revolucionários sem deixar de ser conservadores. Nunca são «ultrapassados» pelas circunstâncias ou pelo contexto social em que vivem.

O ideal de um líder é sempre atraente. Ilumina a inteligência e o coração e eleva o espírito. Pode ser *comunicado* e *compartilhado*. Não é líder «aquele que sabe» para onde se dirige a empresa, enquanto os outros o seguem cegamente, como um rebanho de ovelhas. O líder tem *seguidores*, sem dúvida, mas estes são sempre felizes colaboradores, *sócios* em uma nobre empresa.

O sentido de missão

No líder, um ideal dá lugar a uma missão, que depois se traduz em ação. Muita gente tem sonhos e ideais, mas os líderes têm a capacidade única de transformá-los em missão. Para transformar um sonho em missão, primeiro é necessário ter o *sentido de missão*.

Cada ser humano tem uma missão ou uma vocação, seja ou não consciente dela. Uma missão não é algo que se invente ou se imagine. É uma chamada específica para que se faça determinada coisa ou se adote determinado comportamento. A nossa missão é aquilo que Deus espera de nós. É necessário *descobrir* o que é isso e responder de modo consequente. A nossa missão define a nossa maneira de ser e de agir. É o critério pelo qual medimos todas as nossas ações e o princípio que confere unidade a toda a nossa vida.

Alguns passam pela vida como por um túnel. Com a sua «visão de túnel», não enxergam outra coisa além de si mesmos. «Todos os homens nascem sem dentes, sem cabelo e sem ideais; a maioria deles morre sem dentes, sem cabelo e sem ideais», disse Alexandre Dumas. Só os grandes homens são capazes de sair dos limites do eu e não encontram descanso enquanto não dizem «sim» à sua vocação.

O sentido de missão reflete-se na ideia que o líder tem do casamento e da vida familiar. Alguns concebem a vida familiar como um meio eficaz de alimentar-se bem, de ter a roupa lavada e bem passada, de se defender contra a solidão e de ganhar respeitabilidade social. Mas os homens de alma grande veem a vida familiar como uma chamada ao serviço e sacrifício em favor dos outros.

Uma família é uma unidade de amor destinada a crescer. Se não cresce, morre. Uma família não é, como alguns sociólogos nos querem fazer acreditar, um grupo de indivíduos soberanos que compartilham a mesma geladeira. Uma família não é um «zoológico» nem um lugar em que se estaciona o carro para almoçar numa viagem de trabalho.

Os líderes vêm a família como uma missão. A missão dos pais é educar os filhos para as responsabilidades da vida adulta. Não há outro objetivo mais importante que este. A consciência desta misteriosa e sagrada missão transforma os pais em autênticos líderes, em homens e mulheres cheios de grandeza.

Os líderes cultivam um sentido de missão na sua vida profissional. Concebem o seu trabalho como uma vocação, uma oportunidade de servir e de crescer em maturidade e grandeza pessoal. Que diferença em comparação com os que concebem o trabalho em termos puramente utilitaristas, como um meio de afirmação pessoal e, por vezes, até como um meio de fugir das responsabilidades domésticas!

Toda a missão melhora os indivíduos e a sociedade e reforça a identidade de grupo. Para ser eficaz, deve incluir valores humanos positivos e estar bem articulada. Nas empresas, muitas declarações de missão não passam de generalidades e têm pouco a ver com as atividades cotidianas dos empregados. É uma oportunidade perdida. A missão empresarial deve repercutir no trabalho diário de cada empregado e passar a fazer parte do funcionamento da empresa em todos os níveis.

Diz Stephen Covey:

«Enunciar a missão de uma empresa – de modo a refletir verdadeiramente a maneira de ver e os valores compartilhados e profundos de todos os que nela trabalham – é criar uma grande unidade e um enorme compromisso. Cria um marco de referência no coração e na mente das pessoas, um conjunto de critérios ou diretrizes que hão de guiar os trabalhos. Não é necessário que alguém as dirija, controle ou critique. Compartilha-se o núcleo invariável daquilo que a organização se propõe»[32].

Quando em vez da Direção por Missão (DPM) se pratica a Direção por Objetivos, a missão deixa de ser um critério para tomar decisões. O problema da Direção por Objetivos é que a atenção do chefe da empresa se centra mais naquilo que se deseja realizar do que no *porquê*. Se não sabemos o porquê, na prática será muito difícil saber o *como*; e será impossível (e esse é o maior problema) conseguir que os subordinados se comprometam a fundo.

A Direção por Missão é o único meio de progredir. Ajuda a restabelecer a primazia da missão em toda a organização. Os empregados são avaliados pela sua contribuição para a missão da empresa tanto quanto pelos resultados financeiros e pelos objetivos operacionais. Desta forma, mantém-se a orientação para os resultados, mas sem perder de vista a realização a longo prazo dos valores da empresa.

Pablo Cardona, especialista em comportamento humano na empresa, afirma que «o benefício mais importante da DPM é que, ao introduzir as missões dentro do sistema de gestão, a empresa contribui enormemente para que os diretores se tornem verdadeiros líderes, ou seja, para que criem sentido de missão nos seus colaboradores»[33].

---

(32) S. Covey, *op. cit.*, pág. 163.

(33) P. Cardona e C. Rey, «La dirección por misiones: Cómo introducir la misión en la gestión», Occasional Paper, IESE Business School, Barcelona, março, 2003 (revisado em fevereiro de 2004).

Meios magnânimos para fins magnânimos

Os líderes são magnânimos não só pelo seu sentido de missão, mas também pelos meios convenientes para pô-la em prática.

Os líderes transformam os seus sonhos em realidades concretas graças à sua perseverança e empenho no seu trabalho, qualidades que distinguem a magnanimidade da vaidade. «A vaidade – escreve o filósofo e teólogo francês Réginald Garrigou-Lagrange – gosta das honras e do prestígio das grandes coisas, ao passo que a magnanimidade ama o trabalho e o esforço que se devem empregar para as realizar»[34].

Os líderes prestam grande atenção a tudo o que constitui a realidade da ação, tanto às coisas pequenas como às grandes. «As almas grandes têm muito em conta as coisas pequenas»[35], observou Escrivá.

«Viste como levantaram aquele edifício de grandeza imponente? – Um tijolo, e outro. Milhares. Mas, um a um. – E sacos de cimento, um a um. E blocos de pedra, que são bem pouco ante a mole do conjunto. – E pedaços de ferro. – E operários trabalhando, dia a dia, as mesmas horas... Viste como levantaram aquele edifício de grandeza imponente?... – À força de pequenas coisas!»[36]

Os líderes escolhem meios proporcionados à sua missão e

---

(34) Cf. R. Garrigou-Lagrange, *As três idades da vida interior.*
(35) Cf. Josemaria Escrivá, *Caminho*, Quadrante, São Paulo, 11ª ed., 2016, ns. 818 e 827.
(36) *Ibid.* n. 823.

aos seus objetivos práticos. A magnanimidade não sabe o que é tacanhice. Os líderes têm mentalidade empreendedora: primeiro estabelecem os objetivos, depois escolhem os meios. Não caem na armadilha de adquirir primeiro os meios e elaborar *depois* um objetivo baseado nesses meios (procedimento denominado *effetuation* no jargão inglês dos negócios).

Objetivos pessoais elevados

O líder cuida sempre de aperfeiçoar-se no plano pessoal e profissional, e exige dos seus colegas e subordinados que façam o mesmo. Este desejo de melhorar permanentemente é fruto de um conhecimento profundo da vocação elevada do homem. «A liderança – afirma Drucker – é a abertura do olhar do homem para um horizonte mais amplo, a elevação da atuação humana a níveis mais altos, a formação da personalidade do homem para além dos seus limites habituais»[37]. Este desafio aplica-se tanto ao líder como, através dele, aos seus subordinados. A liderança não é, de modo algum, um exercício individual: os verdadeiros líderes são *líderes de líderes.*

Para os líderes, a realização de objetivos coletivos nunca é um fim em si mesmo, mas apenas um meio que permite o crescimento pessoal de todas as partes envolvidas.

Em 1951, Escrivá incentivou alguns dos seus filhos espirituais a fundar uma universidade na cidade espanhola

---

(37) P. Drucker, *op. cit.*

de Pamplona, a futura Universidade de Navarra. O objetivo era difícil, mas em poucos anos essa Universidade iniciou as suas atividades com as Faculdades de Medicina, Jornalismo e Arquitetura. A Universidade de Navarra é hoje uma das melhores universidades da Espanha e a sua escola de negócios, o IESE Business School, é considerada um dos melhores centros mundiais para a formação de diretores de empresa.

Quando a Universidade estava ainda na fase dos começos, Escrivá encontrou-se com o decano da Faculdade de Medicina e perguntou-lhe para que se tinha transferido da universidade em que era catedrático para passar a trabalhar em Pamplona.

«Para ajudar a levantar esta Universidade», disse.

Escrivá respondeu-lhe com força e convicção: «Meu filho, vieste para te fazeres santo; se o conseguires, terás ganho tudo»[38].

Fundar uma universidade é, evidentemente, uma *grande coisa*, mas aprender, trabalhar e servir os outros cumprindo essa missão é o que *engrandece um homem*.

Os líderes exigem sempre o máximo esforço. Despertam os medíocres, esse surpreendente tipo de pessoas cujo único objetivo na vida consiste «em nunca criar problemas». Exigem que cada um desenvolva ao máximo o seu potencial, como indivíduo e como profissional. «Se tratarmos as pessoas como são – dizia Goethe –, torná-las-emos pio-

---

(38) A. Vázquez de Prada, *O Fundador do Opus Dei*, Vol. III, Quadrante, São Paulo, 2004.

res; se as tratarmos como deveriam ser, guiá-las-emos para onde deveriam estar».

Conclusão

A magnanimidade envolve prudência, mas não essa falsa prudência que aconselha precaução perante um projeto ambicioso. Como disse Garrigou-Lagrange: «A prudência que tem como princípio "não fazer nada" é a dos covardes. Depois de ter dito: "O melhor é, *às vezes*, o contrário do bom", acaba por dizer: "O melhor *costuma ser* o contrário do bom»[39]. Essa falsa prudência («Não façamos demasiado!») é a própria mediocridade, que se apresenta sob a aparência de virtude.

Infelizmente, os pusilânimes costumam captar mal o sentido profundo da magnanimidade. Desde fins dos anos 90, levamos a cabo um programa de solidariedade com um grupo de amigos nas regiões de Moscou e São Petersburgo. Todos os anos, cerca de trinta estudantes de diversos países europeus trabalham juntos na reforma de apartamentos de famílias pobres ou de pessoas idosas menos favorecidas, e na reconstrução de igrejas destruídas pelo comunismo.

Os estudantes arranjam por sua conta o dinheiro necessário para cobrir as despesas de viagem e alojamento na Rússia. Durante a semana, trabalham duro e nos fins de semana jogam futebol com rapazes internados nos re-

---

(39) Cf. R. Garrigou-Lagrange, *op. cit.*

PARTE I - GRANDEZA E SERVIÇO 59

formatórios. O projeto não foi concebido para resolver este ou aquele problema social, mas para fomentar a magnanimidade entre os jovens: aprendem o que é trabalhar em equipe, o que é a amizade; aprendem a alegria de dar--se, a importância da solidariedade social. É um programa orientado tanto para o progresso de quem dá como para o progresso de quem recebe.

A reação da população local tem sido sempre positiva. Os russos mostram-se agradecidos e comovidos com a generosidade dos estudantes estrangeiros. No entanto, não é raro haver pessoas, fundamentalmente intelectuais, que reagem negativamente. Afirmam que os fundos arrecadados poderiam ser melhor aproveitados se fossem dados a uma ONG dedicada a tarefas altruístas. É possível, mas então seria outro projeto, com objetivos totalmente diferentes. Os críticos deste programa não percebem a importância de dar aos jovens a oportunidade de crescerem em generosidade, de fazê-los apreciar o valor do sacrifício pessoal em benefício dos outros.

A magnanimidade não é loucura. Diz Escrivá:

«Magnanimidade: ânimo grande, alma onde cabem muitos. É a força que nos move a sair de nós mesmos, a fim de nos prepararmos para empreender obras valiosas, em benefício de todos [...]. O magnânimo dedica sem reservas as suas forças ao que vale a pena. Por isso, é capaz de se entregar a si mesmo. Não se conforma com dar: *dá-se*»[40].

---

(40) Josemaria Escrivá, *Amigos de Deus*, Quadrante, São Paulo, 4ª ed., 2018, n. 80.

2. Humildade: a ambição de servir

> *Aquele que dentre vós queira chegar a ser grande, seja o vosso servidor.*
>
> Mateus 20, 26

A visão magnânima do líder orienta-se para o serviço aos outros: aos membros da família, aos clientes e colegas, ao país e à humanidade inteira. A ambição de servir é fruto da virtude da humildade.

Como frequentemente o conceito de humildade é mal interpretado, vamos dedicar uns instantes a esclarecer o seu sentido.

«A humildade – diz o filósofo alemão Josef Pieper – não é uma atitude que diga respeito principalmente à relação do homem com o homem: é a atitude em face de Deus»[41]. É uma virtude *religiosa*. Leva o homem a reconhecer a sua condição de criatura. O pensamento de que Deus é tudo e de que ele não é nada não o aborrece. Ao contrário, a ideia de que Deus desejou que ele existisse parece-lhe excelente.

Os antigos gregos exaltaram a virtude da magnanimidade, mas não chegaram a compreender cabalmente o significado da humildade. Por isso, careciam do conceito de *creatio ex-nihilo*, o conceito de criação a partir do nada. Esta noção é um dom da tradição judaico-cristã, embora a simples razão natural possa chegar a descobri-la.

---

(41) J. Pieper, «On Hope», cap. 2 em *Faith. Hope. Love,* Ignatius Press, Fort Collins, Colorado, 1986, pág. 102.

Refere-se portanto, à atitude do homem para com Deus. *É o hábito de viver na verdade:* na verdade sobre a nossa condição de criaturas e na verdade sobre as nossas qualidades e os nossos defeitos.

Também é a atitude do homem para com o homem. Graças à humildade, os líderes respeitam de modo espontâneo aquilo que procede de Deus em cada criatura. Esta reverência fomenta a ambição de servir. Os líderes servem a Deus presente nos outros. Ao agir assim, desenvolvem *o hábito de servir.*

Por contraposição à humildade, a soberba não gera a verdade, mas a mentira; não o desejo de servir, mas o egoísmo. Quem desconhece a verdade fundamental sobre si mesmo e sobre os outros perde todo o contacto com a realidade. A soberba transformará a sua intimidade num reino fictício, cegando-o para a beleza do serviço.

Os que são vítimas desta cegueira existencial têm uma verdadeira necessidade daquilo que os gregos chamavam *metanoia,* uma profunda conversão do coração. A *metanoia,* que significa literalmente «para além da mente», é uma tomada de consciência que nos leva para além dos limites dos nossos pensamentos e sentimentos habituais, provocando em nós uma completa mudança de perspectiva. A psicologia moderna chama a este fenômeno «investimento do paradigma», mas este refinado conceito está longe de refletir a magnitude da transformação necessária para ultrapassar a alienação existencial que a soberba produz.

Humildade e magnanimidade

A magnanimidade (tensão do espírito para as coisas grandes) e a humildade (humilhação perante Deus e o que é de Deus nos outros) são duas coisas que não se podem separar. Jesus Cristo demonstrou *um grau extremo de magnanimidade* ao cumprir a missão mais elevada que pode existir: divinizar o homem e conseguir a sua salvação e felicidade eternas. Ao mesmo tempo, revelou *um grau extremo de humildade:* tomou a forma de servo[42], morreu numa cruz e ofereceu o seu corpo à humanidade como alimento espiritual.

Infelizmente, a palavra *humildade* adquiriu nos nossos dias um matiz pejorativo. A pessoa «humilde« parece carecer de ambição, de nobreza e de honra. «Humilde» é aquele que não espera nada da vida, que passa «despercebido».

São numerosos os cristãos que difundem com o seu comportamento esta falsa ideia da humildade. São muitos os que se submetem docilmente aos «caprichos do destino» ou a uma sentença injusta da autoridade; não compreendem a grande diferença que há entre a profunda reverência *por aquilo que há de Deus nos outros* e a humilhação servil em face do poder iníquo. Há outros a quem repugna a própria ideia de procurar a perfeição na vida pessoal e profissional; desconhecem o mandamento de Cristo: *Sede perfeitos como vosso Pai celestial é perfei-*

---

(42) Cf. Filip 2, 5-7.

to[43]. Para esses, é melhor pecar «humildemente» do que procurar «orgulhosamente» a perfeição, como se o pecado não tivesse nada a ver com a soberba e a perfeição não tivesse nada a ver com a humildade.

Esta falsa humildade é o refúgio dos pusilânimes. Não é virtude, mas autocastração, e contradiz grosseiramente a dignidade humana. Este é o tipo de humildade que Nietzsche tinha na cabeça quando qualificava a moral cristã como moral de escravos.

Os falsos humildes fogem das suas obrigações pessoais, profissionais e sociais. Afirma Escrivá: «Essa falsa humildade é comodismo: assim, tão humildezinho, vais abrindo mão de direitos... que são deveres»[44].

O homem humilde vê-se a si próprio como realmente é. Reconhece as suas fraquezas e os seus defeitos, mas também os seus pontos fortes e as suas capacidades. «Menosprezar os dons que Deus nos deu não é humildade, mas ingratidão»[45], afirma Tomás de Aquino.

A palavra humildade vem de *húmus*, uma matéria orgânica essencial para a fertilidade do solo. A humildade é fertilidade e não esterilidade.

«A humildade e a magnanimidade – escreve Pieper – não só não se excluem mutuamente, mas na realidade são vizinhas e parentes. Uma humildade demasiado débil e estreita para poder suportar a tensão interna da coexis-

---

(43) Mt 5, 48.

(44) Josemaria Escrivá, *Caminho*, n. 603.

(45) Tomás de Aquino, *Suma Teológica*, II, q.35, a.2 ad 3.

tência com a magnanimidade não é verdadeira humildade»[46].

Graças a esta tensão entre a humildade e a magnanimidade, os líderes nunca se tomam demasiado a sério a si mesmos. A consciência da diferença entre a grandeza do seu ideal (magnanimidade) e a dificuldade de levá-lo a cabo (humildade) faz com que se riam de si mesmos com simplicidade e bom humor. Os soberbos nunca se riem de si mesmos; os pusilânimes só o fazem com ironia.

A humildade cresce como uma semente posta no mais profundo do coração. Desenvolve-se mediante o exercício da vontade e floresce finalmente quando o líder põe em prática os três grandes princípios que hão de nortear a sua relação com as pessoas que dirige na sua empresa: *a inclusão, a colegialidade e a continuidade.*

Inclusão: a humildade no governo

Os líderes estabelecem altos níveis de rendimento que os outros devem seguir. Esforçam-se por alcançar os seus objetivos infundindo entusiasmo, e não intimidação. *Os líderes arrastam mais do que empurram, ensinam mais do que mandam, inspiram mais do que admoestam. A liderança consiste, não tanto no exercício do poder, como no esforço por dar aos subordinados a capacidade de se realizarem.*

Os líderes animam todos os membros da organização a manifestar a sua opinião e a contribuir para o processo de to-

---

(46) J. Pieper, *Fortitude and Temperance*, Pantheon Books, Nova York, 1954, págs. 99-100.

PARTE I - GRANDEZA E SERVIÇO

mada de decisões. Essa inclusão não tem muito a ver com a democracia: como diz Max De Pree, «poder dar a opinião própria não é o mesmo que ter direito de voto»[47]. Mas sempre é possível pô-la em prática, mesmo nas organizações mais hierarquizadas.

Os líderes nunca interferem nas tarefas dos seus subordinados se não houver uma boa razão para fazê-lo, pois têm confiança na sua capacidade de trabalho. O presidente Thomas Jefferson disse um dia em tom de brincadeira a Pierre Du Pont de Nemours, cofundador da gigante industrial com o mesmo nome: «Tanto você como eu consideramos os homens como crianças e temos por eles um afeto paternal. Mas você os ama como se amam as crianças pequenas: tem medo de deixá-los sós, sem a babá»[48]. Os líderes veem nos seus colaboradores pessoas livres, maduras e responsáveis, não crianças.

Os líderes não fazem o trabalho dos seus subordinados. Aconselham e animam com muito gosto, mas é o subordinado quem tem de resolver o assunto como melhor lhe pareça. Inclusão não significa paternalismo. O paternalismo é ineficaz e perigoso, porque as pessoas «tuteladas» nunca aprendem e acabam por perder o respeito por si mesmas. Uma mãe de família que põe ordem pessoalmente no quarto da filha ou filho adolescente é um exemplo típico de paternalismo ineficaz.

---

(47) M. De Pree, *Leadership is an Art,* Dell Trade Paperback, Nova York, 1990, pág. 25.

(48) Cf. J. O'Toole, *Leading Change: The Argument for Values-Based Leadership,* Ballantine Books, Nova York, 1995, pág. 32.

Os líderes sabem delegar: transmitem frequentemente os seus poderes aos subordinados e assim os tornam corresponsáveis pelo resultado.

A delegação de poderes confere ao colaborador que os recebe uma oportunidade fantástica de aprender, de crescer profissionalmente e de melhorar a sua reputação entre os companheiros.

O líder deposita a sua confiança no subordinado em quem delega autoridade. Embora o acompanhe na sua atuação, procura fazê-lo um pouco à distância, a fim de que o colaborador possa assumir totalmente a tarefa. Fica à sua disposição para o caso de ele vir a precisar da sua ajuda, e assim lho dá a saber, mas, fora isso, abstém-se de intervir.

O líder assume a responsabilidade por decisões que ele não tomou pessoalmente, e isso exige humildade. Um chefe orgulhoso poderá delegar num subordinado certas responsabilidades, mas quererá transferir-lhe a culpa no caso de alguma coisa sair mal[49]. Semelhante atitude dificulta que o colaborador se forme no processo de tomada de decisões: ao deparar com a primeira dificuldade, não hesitará em submeter ao chefe aquilo que pensou, para que este o reveja. A verdadeira delegação baseia-se na *corresponsabilidade*. A falsa delegação é uma farsa em que ninguém sabe em quem recai a responsabilidade final.

«A inclusão – afirma Bennis – faz com que os empre-

---

(49) Cf. P. Ferreiro e M. Alcázar, *Gobierno de Personas en la Empresa*, PAD, Escuela de Dirección, Universidad de Piura, 2002.

PARTE I - GRANDEZA E SERVIÇO

gados se sintam no centro das coisas, e não na periferia. Fá-los sentir-se "como se fossem os donos da empresa", em palavras de Max De Pree. Dá-lhes um sentido de vinculação com os demais homens do grupo e ajuda-os a descobrir o sentido do seu trabalho. A inclusão ou envolvimento significa que o líder acredita na dignidade inerente à pessoa daqueles que dirige, e atua de modo consequente»[50].

Quando a inclusão impregna a filosofia da empresa, surgem pessoas capazes de assumir responsabilidades, várias outras aspiram a exercê-las e trabalham para isso. Desse modo, multiplicam-se os focos de liderança e toda a empresa se fortalece.

A inclusão é a antípoda do enfoque autoritário, que em última análise é uma manifestação de soberba. O diretor orgulhoso considera-se indispensável. Raramente solicita a contribuição dos seus colaboradores, mostra-se renitente em delegar e as suas intervenções no trabalho dos seus subordinados são inúteis. Este modelo de interação baseado na soberba não só é ineficaz, mas até prejudica seriamente a empresa: as pessoas criativas vão-se embora, os medíocres permanecem e a iniciativa apodrece na árvore.

Às vezes, afirma-se que a prática da inclusão é difícil para os homens e fácil para as mulheres. É certo que os homens, por temperamento, são mais inclinados a «arranjar-se sozinhos» e utilizam frequentemente a agressi-

---

(50) W. Bennis e J. Goldsmith, *op. cit.*, págs. 5 e 8.

vidade para alcançar os seus objetivos. Seja como for, a humildade é uma virtude do caráter que se desenvolve pela prática: não é um traço do temperamento que seja mais próprio de um ou do outro sexo.

Colegialidade: a humildade na tomada de decisões

Colegialidade significa que as decisões não são tomadas só pelo líder, mas pelo líder juntamente com os outros responsáveis por elas na empresa. Aqui entra em jogo a virtude da *prudência*: um conjunto de cinco pessoas geralmente enxerga os problemas melhor e com maior profundidade do que uma só pessoa. Mas a colegialidade é em primeiro lugar uma manifestação de *humildade* por parte do líder, que reconhece os seus limites e deseja servir os seus colegas desenvolvendo em cada um deles o sentido da liberdade e o sentido da responsabilidade pessoal: todos participam na tomada de decisões e cada um responde por elas.

O líder é servidor da sua equipe enquanto coletiva e de cada um dos seus membros enquanto indivíduos. A sua principal função é reforçar o interesse dos membros da equipe pela missão comum. Nas reuniões de grupo, anima os colegas a manifestar as suas opiniões; corta digressões que não levam a lugar nenhum; em vez de queixar-se de que haja problemas, fomenta que se proponham soluções e discute-as com todos. Puxa para cima os colaboradores céticos, contém os que falam em excesso, anima a ceder

PARTE I - GRANDEZA E SERVIÇO 69

aqui e acolá os que, pelo seu caráter dominador, tendem a impor-se, e convida os pessimistas a ver o lado positivo das coisas[51]. Procede assim com um duplo propósito: encorajar a equipe a tomar decisões prudentes para o bem comum da empresa e ajudar cada membro do grupo a progredir profissional e pessoalmente.

O líder renuncia voluntariamente ao critério próprio (a menos que estejam em jogo princípios fundamentais) quando o grupo propõe uma decisão contrária ao seu modo de ver. Se no final as coisas saem mal, não diz: «Nada disso teria acontecido se vocês me tivessem escutado». Participa com entusiasmo na materialização de todas as decisões e divide a responsabilidade com os colegas.

Além de amadurecer os que tomam as decisões, a colegialidade tem o efeito de proteger a organização de quaisquer assomos de ditadura. A ditadura é fruto do orgulho. O chefe orgulhoso pensa que está na posse de todos os dados. Supervaloriza as suas capacidades profissionais e morais e subestima as dos outros. É desconfiado e suscetível. Com isso, não ensina a ninguém a arte de governar e a administrar responsavelmente a sua liberdade e responsabilidade. A médio e longo prazo, é causa de ineficácia.

A concentração de poder numa única pessoa só se justifica quando existe um grande consenso sobre a sua necessidade (em situações importantes de crise, por exemplo), mas, mesmo nesse caso, deve ser temporária: os pe-

---

(51) Cf. «Liderazgo de equipos de trabajo», nota técnica dos Profs. P. Cardona e P. Miller, IESE Business School, Barcelona, janeiro 2000.

ríodos prolongados de autocracia dificultam a formação de pessoas capazes de tomar decisões.

A colegialidade é um princípio moral tão válido no mundo da empresa como no da política: «Trabalhar com gosto com outros – afirmava Cory Aquino –, escutar diferentes pontos de vista, atribuir-lhes uma sinceridade igual à própria, ter flexibilidade para adaptar-se às justas preocupações de um outro: tudo isto são qualidades importantes para quem deseja servir, todas elas são manifestações do espírito de serviço. Como se pode pretender ter um autêntico espírito de solidariedade com o povo em geral, se não se é capaz de viver uma solidariedade operativa com as pessoas com quem se trabalha todos os dias?»[52]

O princípio da continuidade

Os líderes fundam ou desenvolvem organizações fortes, que perduram muito tempo depois de eles terem abandonado a cena. Assegura-se a continuidade quando os líderes têm como objetivo promover a sua organização e não a si próprios.

Na sua política de inovação, o líder evita os extremismos destruidores e conserva as práticas positivas dos que o antecederam. O chefe soberbo, pelo contrário, trata de convencer os seus colegas de que as coisas andavam mal no *antigo regime* e de que os seus predecessores não sou-

---

(52) C. Aquino, *op. cit.*

PARTE I - GRANDEZA E SERVIÇO   71

beram estar à altura do trabalho que lhes competia. Geralmente, trata de impor mudanças desnecessárias de estilo, para mostrar aos colaboradores que entraram numa nova era: *a sua*.

Os líderes não se fazem indispensáveis. Compartilham as informações. Criam as condições necessárias para que outros possam terminar o trabalho que eles começaram. *Uma das principais funções do líder é preparar a sua sucessão.* Como destaca Max De Pree, «os líderes são responsáveis pela liderança futura; devem descobrir e preparar novos líderes»[53].

Quando um chefe soberbo se retira da organização que dirige, esta costuma sofrer verdadeiros cataclismos. Querendo ser indispensável, esse chefe acaba por tornar-se realmente indispensável. Ninguém está em condições de continuar o seu trabalho: não preparou sucessores e nem sequer lhe ocorreu que podia ter sucessores.

Alguns líderes parecem determinados a fazer com que a sua empresa vá para a falência quando eles a deixarem, e isso unicamente para que a sua reputação de êxito brilhe ainda mais, à custa do desafortunado sucessor. Pode servir de exemplo o que se passou com a sucessão do diretor-geral da Rubbermaid.

Quando Stanley Gault era diretor, a Rubbermaid aparecia regularmente na lista de empresas americanas mais admiradas da revista *Fortune*. Os métodos de liderança desse diretor eram eficazes, mas tirânicos, conforme ele

---

(53) M. De Pree, *op. cit.*, pág. 14.

mesmo confessava. A sucessão foi um caos e a empresa entrou numa longa etapa descendente. O seu primeiro sucessor durou um ano e teve que trabalhar com uma equipe de gestão ineficaz. Como observou Jim Collins, «Gault não deixou uma empresa que pudesse ser grande *sem ele* [...] Os seus sucessores depararam não somente com um vazio de direção, mas com um vazio de estratégias, o que acabou por levar a empresa à perdição»[54].

Motivação altruísta

O desejo de servir é fruto da virtude da humildade, que nasce, como qualquer outra virtude, no coração, na vontade e na inteligência. No entanto, a humildade, mais que qualquer outra virtude, mergulha as suas raízes nas profundezas da pessoa. Faz com que se sirva – em primeiro lugar e acima de tudo – porque se considera o serviço como um *valor*. Isto leva-nos a falar da *motivação*.

Os motivos humanos no campo da ação são variados. Pode-se trabalhar para ganhar dinheiro (motivação material), para adquirir conhecimentos e competência (motivação profissional), para desenvolver a personalidade (motivação espiritual), para servir os outros (motivação altruísta) ou para dar glória a Deus (motivação religiosa).

Costuma-se começar uma atividade profissional por vários destes motivos. Efetivamente, os motivos estão

(54) J. Collins, *op. cit.*, págs. 26-27.

PARTE I - GRANDEZA E SERVIÇO 73

entrelaçados. O desejo de ganhar dinheiro (motivação material) tem mais possibilidades de se materializar se aumentarem os conhecimentos e a competência (motivação profissional). Do mesmo modo, quem deseja servir os outros (motivação altruísta) normalmente procura desenvolver o seu caráter (motivação espiritual) e dar glória a Deus (motivação religiosa).

A religião, particularmente a religião cristã, oferece a resposta mais radical e mais convincente à pergunta: «Por que devo servir os outros?» O cristão serve porque vê Jesus Cristo em cada ser humano. Serve a humanidade por amor a Deus.

Posso amar e servir a humanidade sem referência a Deus? Fiódor Dostoievski respondeu a esta pergunta de forma lapidar, há 150 anos: «Não se pode substituir o vazio de Deus pelo amor à humanidade, pois logo se perguntará: por que tenho que amar a humanidade?»[55]

Pode-se servir os outros durante algum tempo por sentimentalismo, por camaradagem ou para demonstrar que se é boa pessoa, mas quando surgem as dificuldades e é preciso dar provas de heroísmo, é fácil concluir que o preço que se deve pagar é demasiado elevado para aquilo que se recebe em troca.

A motivação religiosa é a única que nos pode inspirar o desejo de servir incondicionalmente, até ao fim dos nossos dias, apesar de todas as vicissitudes. Isto é assim

---

(55) Cf. *«Mysli, vyskazyvania i aforizmy Dostoevskovo*, Pyat'Kontinentov, Paris, 1975, pág. 107.

porque a motivação religiosa nos move a ver a Deus nos outros.

São muitas as pessoas que dão um sentido religioso ao seu trabalho. O seu principal interesse é agradar a Deus e servir os outros. Pouco se importam se alguém repara ou não nas suas boas ações. Não fomentam o desejo de um reconhecimento terreno.

Lembro-me de um episódio que poderia ilustrar perfeitamente este fenômeno. Nos anos 90, convidaram-me a dar uma conferência sobre a reforma da educação em São Petersburgo. Era muito cedo e fazia um frio glacial. Não tive outro jeito senão vestir o meu sobretudo, apesar de na tarde anterior ter rasgado o forro numa porta giratória.

PARTE I - GRANDEZA E SERVIÇO

Cheguei ao vestíbulo do local da conferência, entreguei o sobretudo à mulher da chapelaria e subi a grande escada que levava ao auditório.

No fim da conferência, essa mesma pessoa devolveu-me o sobretudo. Agradeci-lhe, saí para jantar e depois voltei ao meu hotel. Ao tirar o sobretudo, surpreendi-me ao verificar que o forro tinha sido cuidadosamente costurado.

Tinha sido a mulher da chapelaria. Não trabalhava para nenhuma empresa particular que tivesse por lema: «Serviço totalmente personalizado para cada cliente». Trabalhava para o Estado! Um Estado que, como de costume, não tinha interesse em prestar serviços de nenhum tipo e que pagava ordenados irrisórios aos seus funcionários.

Essa funcionária do Estado russo teve um gesto notável, totalmente desinteressado, desejosa de passar despercebida. Fê-lo, como dizem os russos, *diante da cara de Deus*.

Uma pessoa motivada exclusivamente por fins profissionais deixa de se esforçar ao máximo no dia em que o seu trabalho se torna rotineiro e pensa que não há nada de novo a aprender no seu lugar. Uma pessoa motivada exclusivamente por fins materiais trabalha o mínimo possível, procurando ganhar o máximo possível. Uma pessoa motivada por fins altruístas trabalha até satisfazer as necessidades do outro, sem necessidade de que lho peçam ou a vigiem.

Quando um líder tem que decidir sobre a oportunidade de *promover* um empregado, particularmente quando se trata de transferi-lo de um posto técnico para um cargo de direção, convém que tenha em conta não só a sua produtividade, mas também o seu grau de motivação. Uma pessoa motivada por fins altruístas, em princípio, serve para um trabalho de direção. Quando um empregado só age por motivos materiais ou profissionais, pode-se propor que receba um aumento de ordenado, e até um aumento importante, mas é perigoso designá-lo para um posto de direção.

A promoção não deve ser o único meio de ganhar mais. Muitas empresas ruíram porque os seus chefes não souberam compreender a relação entre promoção e motivação. Não se deve conceder a um empregado poder sobre outros se ele não trabalha por motivos altruístas: destruirá a empresa.

Uma filosofia do serviço

Os seres humanos normalmente constituídos não procuram apenas um ordenado decente ou uma ocupação interessante, mas também os meios para se desenvolverem pessoalmente e darem um sentido ao seu trabalho. Têm em grande estima aqueles que, com espírito de serviço, os ajudam a atender às suas necessidades materiais, profissionais, espirituais e religiosas. É desse modo que se desenvolve a fidelidade.

A fidelidade não é algo que se possa comprar. Vivemos a lealdade para com os chefes quando estes são leais

PARTE I - GRANDEZA E SERVIÇO 77

para conosco. Quando o argentino Enrique Shaw (1921-
-1962), homem de negócios e fundador da Associação
Cristã de Dirigentes de Empresa, agonizava no hospital,
vítima de um câncer de pele, 260 empregados da sua empresa correram a doar sangue para uma transfusão que
podia mantê-lo vivo.

Os estudos demonstram que a fidelidade dos empregados aos seus chefes está em crise porque a fidelidade
destes, segundo a opinião dos primeiros, é cada vez mais
duvidosa. Uma pesquisa efetuada pela Aon Consulting
em 2001 mostrou que, nos Estados Unidos, somente
45% dos trabalhadores permaneceriam no seu trabalho
atual se lhes fosse oferecido outro equivalente, mas com
um salário ligeiramente superior[56].

O líder que deseje reforçar a motivação altruísta dos
seus colegas deve encarnar ele próprio essa motivação.
Assim assentará os alicerces de uma filosofia empresarial
atraente e, simultaneamente, eficaz. A fidelidade dos chefes aos seus empregados produz a fidelidade dos empregados aos seus chefes. Os clientes notam isso rapidamente
e passam, por sua vez, a ser fiéis a essa empresa. Uma
filosofia da confiança permite, pois, reter a clientela, coisa
que é uma das chaves para o êxito nos negócios.

Existe uma diferença essencial entre «servir para enriquecer-se» e «enriquecer-se para servir». *Servir para
enriquecer-se* implica o predomínio de motivos mate-

---

(56) Cf. P. Koestenbaum, *Leadership, The Inner Side of Greatness*, Jossey-Bass,
Nova York, 2002, pág. 54.

riais. Serve-se durante o mesmo tempo em que se vai enriquecendo e com a mesma «brevidade» com que se enriquece... *Enriquecer-se para servir* implica o predomínio dos motivos altruístas. Servem-se os clientes para atender às suas necessidades, até que fiquem satisfeitos. Não se procura diretamente o lucro, mas este virá, mais cedo ou mais tarde, como recompensa pela excelência do serviço prestado. Se um cliente prefere fazer negócios conosco em vez de fazê-lo com a concorrência, não é só por sermos bons profissionais e oferecermos produtos de qualidade superior. O cliente agradece a nossa motivação altruísta, o nosso autêntico interesse pelas suas necessidades[57].

Quando os meus alunos me pedem um exemplo da minha experiência profissional que possa ilustrar este ponto, costumo contar uma coisa que me aconteceu no meu trabalho de advogado. Um jovem casal queria contratar os meus serviços para que cuidasse do seu divórcio. Tinham concluído pouco tempo antes que não eram feitos um para o outro, que havia uma incompatibilidade de caráter e que já não se amavam. Achavam que o melhor que podiam fazer era pôr fim aos seus quase três anos de casamento. Queriam que os aconselhasse a executar essa decisão da forma mais simples e menos dolorosa possível. Ouvi-os com atenção e perplexidade.

– Que acha?

– Acho que vocês são uma dupla de idiotas.

---

(57) P. Ferreiro e M. Alcázar, *op. cit.*, cap. 3.

PARTE I - GRANDEZA E SERVIÇO   79

Embora nunca os tivesse visto antes, pareceu-me saltar à vista que eram pessoas sinceras que atravessavam um período turbulento em suas vidas. A intuição e a experiência diziam-me que a tempestade não demoraria a passar. Animei-os a não jogar a toalha, a dar um pouco de tempo ao tempo, a não tomar ainda nenhuma decisão definitiva. Passou uma semana e não recebi notícias deles. Finalmente, telefonaram-me para dizer que tinham decidido continuar juntos e que me estavam imensamente agradecidos.

Hoje, passados quinze anos, continuam casados, têm muitos filhos e são fiéis clientes do meu escritório. Não é um caso prático típico – desses que se poderia encontrar numa revista de uma grande escola de negócios – sobre o modo de reter clientes oferecendo-lhes um serviço excepcional. Mas é um episódio que contém um ensinamento. Não podemos permanecer frios ou indiferentes ante os problemas humanos. Temos o dever de dar-nos aos outros.

Uma atitude de serviço ajuda a construir uma filosofia de empresa rica e autêntica, caracterizada pela confiança dos empregados nos seus chefes, por um compromisso pessoal sério na execução dos objetivos da organização e por uma cooperação efetiva entre todos os empregados.

A filosofia do serviço produz os seguintes efeitos:

– *Consegue obter a excelência no serviço ao cliente*: os empregados «enriquecem-se para servir» e os clientes são os beneficiários desta atitude e permanecem fiéis a longo prazo.

– *Favorece a mudança de rumo*: aumenta a capacidade

da empresa de se adaptar às alterações, mesmo radicais, do entorno econômico, político ou social, porque fomenta a iniciativa individual, a mútua transmissão de informações e o desejo de melhorar pessoalmente.

– *Aumenta as possibilidades de sobrevivência*: as empresas pautadas por uma filosofia com estas características sobrevivem mais facilmente a uma queda de lucros.

– *Aumenta os lucros da empresa*: um nível baixo de confiança e de compromisso pessoal produz elevados custos de controle, um fluxo medíocre de informações e a falta de identificação dos empregados com as estratégias utilizadas pela direção. A médio e longo prazo, as empresas em que existe um alto nível de confiança e de compromisso são mais rentáveis que as outras[58].

Conclusão

Jim Collins dedicou cinco anos da sua vida a estudar as qualidades que distinguem os diretores das empresas americanas mais eficientes. Chegou à conclusão de que a humildade é a virtude-chave do êxito. Para Collins, existem dois tipos de diretor:

O primeiro é o dos egoístas, dos que pensam que o importante é «o que *obtêm:* a reputação, a fortuna, a adulação e o poder», não «o que *constroem,* criam e desenvolvem»[59].

---

(58) Cf. J. Pfeffer, *The Human Equation*, Harvard Business School Press, Cambridge, 1998.

(59) J. Collins, *op. cit.*, págs. 36-38.

PARTE I - GRANDEZA E SERVIÇO 81

O segundo é o dos que concebem a liderança como uma oportunidade de servir os outros e de contribuir para o bem comum. Costumam ser pessoas que receberam uma formação humana excepcional de seus pais, amigos ou professores. Dentro desse grupo, são muitos os que passaram por uma conversão religiosa ou viveram uma experiência similar que mudou as suas vidas.

3. Saber dizer não

Não se pode dizer «sim» se não se aprende a dizer «não».

Alexandr Zorin, poeta
russo contemporâneo

As nobres virtudes da magnanimidade e da humildade perdem terreno a cada dia que passa, vítimas das tendências filosóficas racionalistas e de uma estranha mistura de individualismo e coletivismo, que produz gerações inteiras de pusilânimes sem ideal, sem missão e sem vocação. A primeira condição para se chegar a ser líder é ser consciente deste estado de coisas; a segunda, rejeitá-lo e combatê-lo.

É necessário aprender a dizer «não».

«Não» ao egoísmo. A filosofia moderna, que começa com René Descartes e culmina com Emmanuel Kant, criou um novo sistema de pensamento que contradiz a tradição dos antigos gregos. O *imanentismo* moderno substituiu o *realismo* antigo. O realismo diz que posso captar a realidade, a *res*, a coisa, o objeto que existe fora da minha mente. O imanentismo, pelo contrário, diz que a coisa que eu observo é uma ilusão de minha inteligência e da minha consciência.

No plano prático, a consequência do imanentismo é a *indiferença existencial.* Se sou incapaz de captar a realidade objetiva, para que explorar, admirar-me ou contemplar? Deus, o mundo ou a natureza não têm absolutamente nada a dizer-me e eu não tenho nada a responder-lhes. Num contexto psicológico semelhante, o coração não é capaz de elevar-se, e os conceitos de missão e de educação perdem todo o seu significado.

Se não podemos captar a realidade objetiva, o nosso horizonte vital será este: técnicas e sistemas, produção e consumo, prazer e lazer. Neste contexto, a liderança é apenas um jogo de estratégias, um campo privilegiado para o exercício da retórica, um instrumento de manipulação de indivíduos e de povos.

Antes de Kant, o homem procurava descobrir o seu lugar no cosmos; depois de Kant, procura «produzir» o cosmos no seu espírito. Alguns chamam a isto «autonomia»; outros chamam-lhe, com maior precisão, «egocentrismo».

«Não» ao cinismo. O Príncipe, de Maquiavel, esse famoso livro sobre a arte de governar, escrito para ajudar a família Médici a consolidar e estender o seu poder na Itália do século XVI, é uma apologia da mentira e da manipulação. Para Maquiavel, a virtude é incompatível com o poder: com frequência a virtude leva a perder o poder, ao passo que o vício tende a consolidá-lo. Para conseguir os seus objetivos, o príncipe deve servir-se de todos os meios ao seu alcance, incluída a mentira.

Maquiavel continua a inspirar nos nossos dias uma ideia de liderança baseada no relativismo moral. São muitos os seminários profissionais que têm por finalidade ensinar métodos de manipulação psicológica de clientes e empregados. Não há muito tempo, foi publi-

84 ALEXANDRE HAVARD

cado um livro intitulado «Maquiavel para diretores de empresa»[60].

Se o líder não respeita a dignidade daqueles a quem dirige, na realidade não passa de um manipulador. Pensemos na carreira de Lenin, de Hitler e de Mao, que mataram dezenas de milhões de pessoas – cada um deles – em nome de uma ideologia. Pensemos em Margaret Sanger[61], que em nome da eugenia iniciou o maior genocídio da história (já pesam sobre os seus ombros centenas de milhões de vítimas). Esses manipuladores não são líderes. Só pessoas profundamente desorientadas podem confundir um líder com um assassino de massas. Para compreender Lenin, Hitler, Mao e Sanger, uma leitura de *O Príncipe*, de Maquiavel seria totalmente inútil; muito mais apropriada seria a leitura de *Os demônios*, de Dostoievski.

São desalentadoras as listas de grandes líderes do século XX recentemente publicadas por importantes jornais. Colocam na mesma panela autênticos heróis, como Reagan, Walesa e João Paulo II e verdadeiros demônios, como Lenin e Hitler. É uma mistura profundamente enganosa, porque confunde as pessoas e as incapacita para

---

(60) E. e L. Spagnol, *Machiavelli per i manager*, Longanesi, Milão, 1988.

(61) Margaret Sanger (1879-1966) é a fundadora da *Planned Parenthood* (a maior «fábrica» de abortos dos Estados Unidos), do IPPF e de suas filiais, que promovem o que se conhece como «planejamento familiar». Sanger era racista e eugenista. Embora menos famosa que Hitler ou Lenin, teve uma influência enorme na nossa civilização. Em 1931, H.G. Wells afirmou: «Quando se escrever a história da nossa civilização, será uma história biológica, e Margaret Sanger será a sua heroína» (Cf. D. de Marco e B. Wiker, *Architects of the Culture of Death*, Ignatius Press, Fort Collins, Colorado, 1988).

PARTE I - GRANDEZA E SERVIÇO   85

distinguir entre portadores de esperança e falsificadores da esperança.

«Não» ao materialismo. Chester Barnard, um dos primeiros especialistas que escreveu sobre gestão, afirmou há já bastante tempo: «É impossível avançar no estudo das empresas sem tratar de responder a uma série de perguntas simples. Por exemplo: "O que é um indivíduo? O que queremos dizer ao utilizar a palavra pessoa?" Existe a tentação de evitar estas perguntas e deixá-las aos filósofos e cientistas que as vêm debatendo há séculos. No entanto, percebemos rapidamente que [...] não podemos fugir a elas [...] Todos, e em particular os líderes e os diretores, atuam baseando-se em premissas ou atitudes fundamentais que pressupõem respostas a essas perguntas, embora normalmente não o façam de forma consciente»[62].

Não posso servir os seres humanos se eles são para mim como engrenagens de uma máquina, desprovidos de espiritualidade e de transcendência. Por mais que eu trate os outros com uma aparente amabilidade, mais cedo ou mais tarde ficará a descoberto a minha atitude. Nos meus lábios, a palavra «humanismo», embora a pronuncie de modo grandiloquente, acabará por soar a falsidade, tão falsa como a palavra «camarada» na antiga União Soviética.

---

(62) C. I. Barnard (1886-1961), *The Functions of the Executive*, 1938, citado por Juan Antonio Pérez López em *Teoría de la acción humana en las organizaciones*, Rialp, Madrid, 1991, págs. 17-18.

«*Não*» *à tecnocracia*. A liderança não é uma técnica. A sua finalidade não é forjar sistemas ou estruturas, mas homens e mulheres. Não responde principalmente ao *saber como*, mas sim ao *saber o quê* e *porquê*. Não consiste principalmente em «*fazer bem as coisas*», mas em «*fazer coisas boas*»[63].

É verdade que os líderes devem possuir competência técnica, mas isso não é suficiente. «Os diretores que não sabem raciocinar senão em termos de metodologia e de quantificação são os eunucos de hoje em dia», afirmou Max De Pree. «São incapazes de gerar competência ou confiança»[64].

Infelizmente, a civilização moderna produz mais *técnicos* de gestão, de direito, de medicina ou de ciências do que verdadeiros dirigentes, advogados, médicos ou cientistas. Produz pessoas que terão dificuldade em encontrar trabalho no futuro próximo, porque «os que pensam e atuam como máquinas – escreve Peter Koestenbaum – serão substituídos por máquinas. Todo o trabalho automatizável será automatizado. Os trabalhos não automatizados serão trabalhos de liderança. Não haverá mais trabalho para os que não queiram ser líderes. Este dilema será um problema crucial da humanidade no terceiro milênio»[65].

«*Não*» *ao individualismo*. O individualista só cuida dos seus interesses. Não quer ser influenciado por ninguém

---

(63) Com palavras de P. Drucker, «a gestão consiste em fazer bem as coisas, ao passo que a liderança consiste em fazer o que está bem».

(64) M. De Pree, *op. cit.*, págs. 55 e 71.

(65) P. Koestenbaum, *op. cit.*, págs. 37 e 39.

PARTE I - GRANDEZA E SERVIÇO 87

nem quer influir em ninguém. O líder, pelo contrário, deseja influir e ser influenciado. Procura receber dos outros certos benefícios espirituais e entrar na vida dos que o rodeiam para exercer sobre eles uma influência positiva.

Os seres humanos absorvem influências – boas, más, neutras, etc. – como esponjas. Estas influências provêm dos seus pais, dos amigos, dos meios de comunicação... O homem é um ser social por natureza. Vive em comunidade. Em certo sentido, não é livre: é dependente, está condicionado pelos outros. «Se fosse possível imaginar um ser humano num estado de liberdade absoluta – escreve o cineasta russo Andrei Tarkovsky –, pareceria um peixe sem água, agonizante numa margem do mar»[66].

Para o homem, a verdadeira liberdade não consiste em libertar-se de influências externas. O peixe não pode libertar-se da água, como o homem não pode libertar-se do ar. A verdadeira liberdade consiste em escolher influências positivas e submeter-se a elas.

Os líderes compreendem isto perfeitamente. Em diferentes etapas da sua vida, escolheram livremente submeter-se à influência benéfica de pais generosos, de amigos prudentes ou de professores magnânimos. O perigo está em expor-se, consciente ou inconscientemente, a influências negativas. Se a minha maior fonte de formação e de cultura foi Hollywood, provavelmente ser-me-á difícil compreender o conceito de influência positiva, a menos

---

(66) Cf. A. Tarkovsky, *Sculpting in Time*, University of Texas Press, Austin, 1989, capítulo «On the Responsibility of the Artist».

que algum dia um acontecimento brutal, mas salutar, me obrigue a abrir os olhos e a entender de forma clara que falta na minha vida essa influência positiva.

«Não» ao «pensamento de grupo». O conceito orwelliano de «pensamento de grupo» tem a sua origem no «projeto do Iluminismo» dos filósofos franceses do século XVIII. Esses filósofos concebiam os seres humanos à maneira de engrenagens dentro da máquina social. Como rejeitavam até mesmo a possibilidade de um mal intrínseco, derivado de uma decisão pessoal do homem, atribuíam os problemas sociais a certas disfunções do comportamento humano, que poderiam ser erradicadas mediante uma «revolução social» levada a cabo por uma série de «iniciados». O Iluminismo, com palavras de T.S. Eliot, sonha «com sistemas tão perfeitos que não será necessário ser bom»[67]. Os iluministas negam o que a humanidade experimentou desde o início dos tempos: que o mal, assim como o bem, é intrínseco ao homem.

Uma das consequências mais dramáticas deste modo de pensar é a indiferença para com a virtude. Para que tratar de adquirir a virtude e desenvolver o caráter, se uma revolução social se encarrega do nosso futuro e da nossa felicidade? Segundo o Iluminismo, o que conta não é a pessoa e o seu caráter, mas a causa política a que está associada. O que conta não é o que eu sou, mas o partido em que voto.

«O problema mais sério das sociedades liberais modernas – comenta Nicholas Capaldi – é a presença de

---

(67) T. S. Eliot, *The Rock*, Harcourt Brace, Nova York, 1934.

PARTE I - GRANDEZA E SERVIÇO

indivíduos *incompletos*, de indivíduos *malogrados* [...].
O que realmente coíbe esses indivíduos é uma falta de
personalidade, uma inadequação moral. São incapazes de
amar o que há de melhor em si mesmos; incapazes de se
amarem a si mesmos, não podem viver em família; a vida
familiar parece-lhes embrutecedora. Substituem o amor
por si mesmos, pelos outros, pela família – pela fidelidade a uma comunidade mítica [...]. No final, acabam
por obter líderes à sua imagem: líderes que são indivíduos
incompletos e que procuram controlar os outros porque
não podem controlar-se a si mesmos»[68].

Estes indivíduos *malogrados* substituem as virtudes
por *slogans* políticos, sociais ou psicológicos. A tolerância,
entendida como relativismo moral, substitui a virtude
da justiça; as estatísticas e as probabilidades substituem
a prudência; as dietas e a luta contra o fumo substituem
o autodomínio; a autocrítica substitui a humildade; a
autoestima substitui a magnanimidade; e a democracia
substitui Deus.

O resultado é o *tédio*, «não somente o tédio em face
do cotidiano, mas o tédio no plano transcendental, o tédio no plano metafísico: uma espécie de tédio em face
do próprio mistério da vida»[69]. Um tédio que embota o
desejo e paralisa a imaginação.

---

(68) N. Capaldi, «Distributive Justice or Social Justice», em D. Anderson, ed.,
*Decadence: The Passing of Personal Virtue and its Replacement by Political and
Psychological Slogans*, Social Affairs Unit, Londres, 2005, pág. 145.
(69) G. Weigel, *op. cit.*, pág. 166.

PARTE II
Sabedoria prática e vontade firme

Às virtudes da magnanimidade e da humildade, que são características dos líderes, devemos acrescentar as virtudes cardeais da prudência, da fortaleza, da justiça e do autodomínio.

A prudência capacita-nos para decidir bem; a fortaleza permite-nos manter o rumo e resistir à pressão do ambiente; o autodomínio ajuda-nos a submeter as nossas emoções e paixões à inteligência; e a justiça faz-nos dar a cada um o que lhe é devido.

Se a magnanimidade e a humildade são os pilares da liderança, as virtudes cardeais constituem os seus alicerces.

1. Prudência: como decidir bem

> *O lugar preponderante que ocupa a prudência indica que as boas intenções não bastam.*
>
> Josef Pieper

Quem deseja dirigir e servir os outros deve desenvolver a capacidade de escolher bem: deve cultivar a prudência, virtude que faz tomar decisões acertadas e eficazes.

Mediante a prudência, os líderes captam a realidade em toda a sua complexidade (ou, se for o caso, em toda a sua simplicidade) e tomam as decisões adequadas a essa percepção.

Uma escolha prudente compõe-se de três fases: a *deliberação*, que consiste em obter informações, o *juízo*, que consiste em avaliar essas informações, e, finalmente, a *decisão*. A deliberação orienta-se para a realidade, e o juízo e a decisão para a ação.

O conhecimento que a prudência dá

Para decidir bem, os líderes devem conhecer perfeitamente a atividade que dirigem. Também devem conhecer a natureza humana. Este conhecimento ajudá-los-á a enfrentar as situações profissionais que sejam de natureza mais humana do que técnica.

Mas isso não é suficiente. Devem cultivar a virtude da prudência, que lhes dá um conhecimento prático e específico orientado para a ação. Por exemplo, antes de tomar uma decisão, o diretor deverá saber se a empresa conta com pessoas capazes de implementá-la. Este tipo de conhecimento é adquirido mediante a prudência; não provém de estudos teóricos nem da experiência técnica. Não obstante, a prudência não é garantia absoluta de êxito. Sempre haverá riscos e incertezas na tomada de decisões. Por muito prudente que seja, um diretor nunca terá a certeza *científica* de que as pessoas que tem à sua disposição são capazes de pôr em prática a decisão que tomou. «O homem prudente – afirma Pieper – não espera certeza onde ela não pode existir; nem, por outro lado, se engana a si mesmo com falsas certezas»[70].

Um modelo científico de tomada de decisões só pode funcionar quando o objeto da decisão é de natureza exclusivamente técnica. No terreno da liderança, o modelo científico está condenado ao fracasso, pois é sempre necessário contar com o fator humano. É ilusório pensar que se podem tomar decisões com precisão científica, embora haja numerosos políticos e homens de negócios, vítimas da sua formação racionalista, que se baseiam com frequência em fórmulas e teorias abstratas para garantir o êxito das suas decisões. A sua tendência à «tomada científica de decisões» limita-lhes a eficácia pessoal e corrói a confiança dos colegas.

Hamlet, da peça de Shakespeare, é um bom exemplo do desejo obsessivo de certeza, que dificulta a prática da virtude da prudência. Hamlet está sempre com «falta de

---

(70) J. Pieper, *Prudence*, Pantheon Books, Nova York, 1959, pág. 37.

PARTE II - SABEDORIA PRÁTICA E VONTADE FIRME   95

informação». Procura a certeza absoluta à hora de agir, e por isso imobiliza-se. Essa obra-prima de Shakespeare é uma verdadeira «tragédia sobre a indecisão», uma «tragédia sobre a inação».

O que nos leva a desenvolver a virtude da prudência não é o acúmulo de experiência vital, mas a reflexão sobre essa experiência. O que nos faz falta é afinar a nossa capacidade de diagnóstico, a nossa capacidade de captar a realidade tal como é. É assim que se desenvolve a intuição.

As decisões baseadas no acúmulo de experiências vitais orientam-se para o passado, não para o futuro. As situações atuais nunca são cópias exatas do passado; são sempre novas e únicas. A experiência prática não é um ativo a ser desprezado, mas é somente quando se combina a experiência prática com a ponderação sobre ela que se pode desenvolver a virtude da prudência.

Deliberação

O segundo elemento da prudência é a deliberação, isto é, uma reflexão que permite captar os perfis da situação sobre a qual se deve basear a ação. Damos a seguir alguns conselhos práticos que podem ajudar a deliberar prudentemente.

Compilar os dados necessários e submetê-los a uma análise crítica. Convém avaliar a confiabilidade da fonte e distinguir entre dados reais e opiniões, entre verdades e meias verdades.

Alexander Solzhenitsyn dá um bom exemplo de meia

verdade no *Arquipélago Gulag*, seu brilhante relato sobre o sistema de campos de concentração soviéticos. Conta-nos a surpresa que teve ao encontrar, em 1949, um artigo publicado na revista soviética *Priroda* (Natureza) sobre a descoberta de restos pré-históricos fossilizados de peixes e tritões na tundra siberiana. Os restos tinham-se conservado perfeitamente durante dezenas de milhares de anos, envolvidos nos cristais de uma camada de gelo subterrânea. O artigo relatava ainda que os homens que os tinham desenterrado os haviam devorado ali mesmo, com sumo prazer...

Ao contrário da intenção do jornalista, Solzhenitsyn não se surpreendeu com a descoberta científica, mas sim com o que fizeram os membros da equipe de escavação. Eram habitantes de um mundo do qual nunca se falava na mídia, porque a sua existência era segredo de Estado: o mundo do Arquipélago Gulag. Solzhenitsyn compreendeu que só os detentos de um campo de concentração poderiam ingerir *in situ*, com certo deleite, tritões pré-históricos.

Os leitores soviéticos, como Solzhenitsyn, sabiam ler nas entrelinhas, mas o que pensariam os leitores de sociedades democráticas, acostumados a acreditar cegamente no que lhes conta a imprensa?

A confusão entre realidade e ficção é algo habitual na nossa sociedade. É difícil permanecer totalmente imune às informações truncadas dos meios de comunicação. Devemos tomar a precaução de passar pela peneira as informações e as mensagens que recebemos, examinando-as

PARTE II - SABEDORIA PRÁTICA E VONTADE FIRME 97

com atenção. Isto não significa que devamos suspeitar de que tudo está manipulado, mas devemos aprender a desenvolver um espírito crítico nobre e construtivo e ajudar os outros a fazer o mesmo.

É necessário lembrar esta afirmação de Olivier Thompson: «A propaganda mais perigosa é aquela que não é percebida como tal pelos seus destinatários ou pelos seus próprios autores. Trata-se de um gotejar constante de ideias agressivas, materialistas e lastreadas por preconceitos lançados através dos meios de comunicação por aqueles que competem pela liderança social a fim de conseguir o êxito pessoal»[71].

Evitar a todo o custo as «racionalizações». Racionalizar é forçar os dados objetivos, consciente ou inconscientemente, para adaptá-los a noções preconcebidas. A racionalização é um processo psicológico que deforma a realidade até que esta se adapte às nossas paixões e interesses. Deste modo, em vez de procurarmos soluções para os nossos problemas, procuramos problemas que se adaptem às nossas soluções.

Um exemplo típico de racionalização é o do diretor que dá gritos aos seus colaboradores com o pretexto de que, se tiverem medo dele, serão mais eficazes no trabalho. Outros exemplos de racionalização são lugares-comuns do tipo: «o cliente sempre tem razão», «a maioria sempre tem a razão», «tudo é relativo», «todas as opiniões

---

(71) O. Thompson, Mass Persuasion in History: *A Historical Analysis on the Development of Propaganda Techniques*, Paul Harris Publishing, Edimburgo, 1977, pág. 132. Citado em Anderson, ed., *Decadence, op. cit.*, pág. 106.

são igualmente válidas», «na política e nos negócios, vale tudo». Pode acontecer que semelhantes mentiras nos pareçam promissoras, mas devemos estar cientes de que, se chegarem a constituir a base das nossas ações, não viveremos a virtude da prudência.

É preciso ter coragem para viver conforme a verdade e evitar as racionalizações. A tirania da moda e das atitudes politicamente corretas levam-nos quase que automaticamente a rejeitar certas verdades por serem difíceis de aceitar.

Certa vez, dei uma conferência sobre direito europeu a um grupo de professores imbuídos de espírito materialista e laicista. Expliquei-lhes o princípio de subsidiariedade, segundo o qual a autoridade central suprema (em Bruxelas) só deveria encarregar-se de tarefas que as jurisdições inferiores (os Estados membros da União Europeia) não pudessem realizar com eficácia. Quando expliquei que este princípio derivava da doutrina social da Igreja Católica, todos os professores começaram a rir. Diziam que eu estava louco e revoltaram-se. Essas boas pessoas não podiam nem queriam aceitar nenhuma ideia que não se ajustasse à sua visão laicista do mundo. Eu teria podido citar passagens das encíclicas *Rerum novarum* (1891), do Papa Leão XIII, e *Quadragesimo Anno* (1931), do Papa Pio XI, escritas muito antes da criação da União Europeia, nas quais se definia o princípio de subsidiariedade, mas esses professores não me teriam escutado. Estavam aferrados à sua ideia preconcebida e reagiram como os fariseus e escribas que apedrejaram Santo Estêvão: «Ta-

PARTE II - SABEDORIA PRÁTICA E VONTADE FIRME   99

param os ouvidos e, todos juntos, atiraram-se aos gritos contra ele»...

Reconhecer e deixar de lado os preconceitos. A racionalização é uma consequência da covardia. O preconceito em si provém da ignorância. Para superarmos os nossos preconceitos, é necessário que pratiquemos a humildade. «Uma das características dos autênticos líderes – escreve Covey – é a humildade de tirar os óculos e examinar com objetividade as lentes [...]. Quando ocorrem discrepâncias (por preconceitos, ignorância ou erro), eles fazem os ajustes necessários para voltar ao caminho, com mais sabedoria que antes»[72].

Um dia, passeava eu por um parque de Helsinque com o meu sobretudo de inverno, mergulhado nos meus pensamentos, quando uma jovenzinha finlandesa, de doze anos, se aproximou de mim e me perguntou: «O senhor é espião?» Sorri-lhe e disse-lhe que não. Pareceu aliviada. Tinha uma ideia preconcebida dos espiões, que provavelmente teria bebido do cinema: homens grandes envolvidos num sobretudo comprido, num parque solitário cheio de folhas outonais pelo chão... O seu preconceito tinha-a confundido. Mas comportou-se como faria um líder, pois teve a humildade de pôr à prova a sua intuição.

Anos mais tarde, passei por uma experiência semelhante em Varsóvia. Dava uma volta pelas ruas de um

---

(72) S. Covey, *Principle-Centered Leadership*, Simon & Schuster, Nova York, 1992, pág. 20.

bairro residencial com o meu longo abrigo de inverno, quando fui abordado por uns agentes do departamento de segurança israelense. Três homens armados interrogaram-me durante meia hora, porque suspeitaram que eu fosse um terrorista. O erro que cometeram partia de uma ideia preconcebida: passeava perto da sua Embaixada, não tinha aspecto de varsoviano local... e usava o meu famoso sobretudo de inverno.

A história não acaba aqui. Meses depois, em Moscou, era tarde da noite e eu chegava atrasado a uma missa do galo, para a qual fora convidado por um sacerdote ortodoxo, meu amigo. A capela onde se faria a celebração natalina encontrava-se no último andar de um grande edifício. Ia com o meu sobretudo de inverno, e tomei o elevador ao mesmo tempo que um ancião judeu, toucado com o seu quipá. Olhou-me por uns instantes com curiosidade e perguntou-me: «O senhor é judeu?» Respondi-lhe que não, penalizado por não poder satisfazer as suas expectativas. Continuou a olhar-me fixamente e, ao sair do elevador, voltou-se e disse-me: «Não está bem que oculte as suas origens raciais!»

Todos temos preconceitos. Um homem grande, com um sobretudo longo de inverno..., parecerá a alguns um espião, a outros um terrorista palestino e a outros até um judeu. Tudo depende dos livros que tenhamos lido e dos filmes a que tenhamos assistido. No entanto, um líder, se for humilde, fará, no dizer de Covey, «os ajustes necessários para voltar ao caminho, com mais sabedoria que antes».

Não se deve esquecer a natureza da organização para

PARTE II - SABEDORIA PRÁTICA E VONTADE FIRME 101

qual se trabalha. Se você é diretor de uma escola primária ou de uma instituição beneficente, seria imprudente focar os problemas como um chefe de empresa. Convém, sem dúvida, que seja um bom gerente, mas não deve perder de vista que a sua atividade não é comercial. Se esquecer este dado importante, correrá o risco de tomar decisões que prejudiquem a sua organização.

Certa vez, coube-me dirigir na Estônia um seminário para um grupo de diretores de colégio. Era pouco depois da queda do comunismo e não havia quem não quisesse lançar-se no mundo dos negócios. Os próprios colégios se viam pressionados a adotar métodos e critérios comerciais. Num momento em que explicava ao auditório que uma empresa e uma escola são coisas muito diferentes, a diretora de um importante colégio de Tallin exclamou com emoção: «Alexandre, você não sabe como é importante isso que está dizendo. Os meus professores e eu precisávamos ouvir algo assim. Há uns meses, um conferencista disse-nos que, se não aplicássemos métodos e critérios comerciais, o nosso colégio não teria futuro!»

Trata-se de um colégio que era e continua a ser uma das melhores escolas públicas da Estônia. A principal razão do seu êxito é que a direção se nega a conduzi-lo como um negócio.

Não se esqueça da missão da sua organização. Os objetivos práticos devem estar na linha da missão da empresa. Pelo menos, não devem contradizê-la. A missão deve orientar e dar sentido aos objetivos, e não ao contrário. Deve ser o critério fundamental para tomar decisões.

Uma missão sem objetivos é um exercício fútil. Mas também não faz sentido estabelecer objetivos que não estejam relacionados com a missão. Se alguém tiver por objetivo converter-se no número um de um determinado setor, deve perguntar-se: «Por quê?» A missão da empresa é a sua contribuição para o bem comum e não a sua capacidade de superar a concorrência.

Preveja, na medida do possível, as consequências das suas ações. A palavra latina *prudentia* vem de *providentia*, que significa previsão. A prudência implica simultaneamente perspicácia (visão da realidade tal como se apresenta, antes da ação) e previsão (visão da realidade tal como será depois da ação).

Com frequência, andamos como cegos, incapazes de prever as consequências das nossas ações. Todos nós temos a experiência de situações em que nos faltou a previsão mais elementar. Os resultados são algumas vezes cômicos, outras vezes trágicos. E às vezes tragicômicos.

O meu amigo Tobias, a quem não via há quinze anos, foi visitar-me na Finlândia. Era fevereiro e eu queria que ele experimentasse as delícias do inverno nórdico. Aluguei, em companhia de alguns amigos, uma pequena casa para o fim de semana, numa ilha do arquipélago do Golfo da Finlândia. O termômetro marcava temperaturas abaixo de zero e o mar estava congelado, com exceção de um canal aberto pelo *ferry*, que fazia a cada hora o trajeto entre a ilha e o continente.

À tarde, fomos a uma tradicional sauna finlandesa. Depois de uma hora de calor intenso, Tobias e eu decidimos andar 50 metros pelo gelo e dar um mergulho no canal para nos refrescarmos. Dito e feito. Mas não tínhamos pensado em como iríamos sair da água e voltar a subir pelo gelo. Não havia escadinha e a borda do gelo era resvaladiça. Depois de algumas tentativas frustradas para sair da água, convencemo-nos de que, se não acontecesse algum milagre, morreríamos em poucos minutos. Ao menos ficava-nos o consolo de uma noite límpida, com a lua crescente e milhões de estrelas acompanhando-nos nos nossos últimos instantes de vida terrena. Tobias e eu tínhamos pago caro a nossa imprudência.

Mas percebi de repente que o vento glacial que açoitava a minha pele gelada tinha colado o meu braço ao gelo, e isso permitiu-me fazer alavanca e subir as minhas pernas para a camada sólida. Pude então inclinar-me e puxar o meu amigo para fora da água. Graças a Deus, sobrevivemos para contá-lo.

É mais ou menos fácil prever as consequências dos nossos atos quando temos uma experiência pessoal adequada. No nosso caso, não a tínhamos, e o que deveríamos ter feito era recorrer à experiência de outros. Quando os finlandeses esquiam sobre lagos gelados, levam consigo uma espécie de ganchos. Assim, se o gelo se quebra sob o seu peso, podem cravar o gancho em algum lugar e alcançar um local seguro. É evidente que os finlandeses não levam ganchos ou facas à sauna, mas também não são tão loucos que deem um mergulho em águas geladas sem antes prever o modo de sair.

Aplique a lei moral natural ao caso particular. Não basta conhecer os Dez Mandamentos e tirar as conclusões oportunas. É necessário aplicar essas conclusões ao caso particular, mediante a prudência. Do mandamento «Não darás falso testemunho» deriva o corolário lógico: «Não difamarás a concorrência». Mas ficam ainda por determinar com prudência quais os limites de uma concorrência leal na vida cotidiana. Da proibição de roubar do Decálogo, deriva o corolário: «Pagarás um salário justo». Mas o que é um salário justo, não em termos gerais, mas numa situação concreta? Os líderes debatem-se com uma infinidade de interrogantes de tipo moral, e a solução raramente é encontrada nos manuais. A excelência não é uma «técnica» pura e rígida; requer uma infinita capacidade de adaptação, que se nutre da virtude da prudência.

Finalmente, *peça conselho.* Prudente não é a pessoa que tem resposta para tudo, mas aquela que toma boas decisões. Os líderes reconhecem os seus limites e escolhem sócios capazes de contradizê-los.

«Os *Pilgrim Fathers* dos Estados Unidos – observa James O'Toole – não quiseram rodear-se de pessoas que dissessem amém a tudo. A grande força de George Washington foi a sua incrível confiança em si mesmo, que lhe permitiu organizar e escutar os conselhos de uma equipe de homens que, individualmente, eram muito mais brilhantes que o presidente a quem lealmente serviam. [...]. E os melhores presidentes, por muito competentes que fossem (Jefferson, Lincoln, e Theodore

PARTE II - SABEDORIA PRÁTICA E VONTADE FIRME   105

Roosevelt), souberam organizar e utilizar os serviços de gabinetes e colaboradores brilhantes»[73].

Os líderes não escolhem como colaboradores próximos pessoas que, depois de terem visto em que direção sopra o vento, se acomodam às circunstâncias. Pelo contrário, escolhem pessoas que enfrentam os problemas com valentia, engenho e determinação.

Não basta procurar um aconselhamento objetivo. Com frequência, devemos procurar o conselho de pessoas que nos conheçam e nos queiram bem. «Um amigo – afirma Pieper –, um amigo *prudente*, pode ajudar a dar forma à decisão de outro amigo. Consegui-lo-á mediante essa afeição que o faz considerar o problema do amigo como um problema próprio, o ego do amigo como o seu próprio ego (de tal modo que não aconselha exclusivamente «de fora»). Graças à força desta unidade que só a amizade pode dar, é capaz de visualizar a situação concreta sobre a qual deve decidir, e visualizá-la, como diríamos?, a partir do efetivo centro de responsabilidade»[74].

Os líderes sentem-se livres para aceitar ou rejeitar os conselhos que recebem. Tomam decisões *pessoais* e respondem por elas *pessoalmente*.

O Otelo, de Shakespeare, é um bom exemplo do cruel destino das pessoas incapazes de deliberar. Sempre impulsivo, salta diretamente para a conclusão, sem se deter a refletir. Primeiro dispara e depois pergunta.

---

(73) J. O'Toole, *op. cit.*, pág. 30.
(74) J. Pieper, *op. cit.*, pág. 55.

Juízo e decisão

Depois da deliberação, vêm o juízo e a decisão. Julgar é avaliar os prós e os contras. Decidir é escolher entre soluções alternativas.

Os responsáveis por tomar decisões devem dedicar o tempo suficiente, supondo que se possam dar a esse luxo, a reunir os dados pertinentes e analisar todos os fatores que possam influir na sua decisão. No entanto, quando a decisão está tomada, devem agir com rapidez.

André Philippe, o deputado socialista francês, escreveu a propósito de Robert Schuman: «Por temperamento, Schuman era tímido. [...] Não era raro que atrasasse as suas decisões. [...] Mas quando estava seguro daquilo que a sua voz interior lhe pedia, tomava as decisões mais audazes e levava-as a cabo independentemente das consequências; mostrava-se então insensível a críticas, ataques e ameaças»[75].

A prudência não consiste exclusivamente em *perspicácia* e *previsão*. Também é ação. Sabe executar as suas decisões com autoridade e rapidez. A prudência não é timorata: os líderes sabem arriscar-se. «Ninguém aprende – diz Drucker – senão cometendo erros. Quanto melhor é um homem, mais erros comete, porque mais coisas novas tratará de fazer. Eu nunca promoveria a um cargo diretivo uma pessoa que não tivesse cometido erros, e dos grandes. Se o fizesse, essa pessoa comportar-se-ia como um

---

(75) Cf. R. Lejeune, *op. cit.*, Prólogo 2.

PARTE II - SABEDORIA PRÁTICA E VONTADE FIRME   107

medíocre. Ou, o que é pior, por não ter cometido erros antes, não saberia detectá-los e corrigi-los a tempo»[76].

Embora mais tarde venha a revelar-se como um erro, uma decisão tomada com prudência nunca é uma *má* decisão. Da mesma forma, uma decisão que «sai bem», se foi tomada com imprudência, nunca é uma *boa* decisão. Uma decisão prudente pode acabar em erro e uma decisão imprudente em êxito, devido a fatores que eram imprevisíveis durante a fase deliberativa, e que só se revelaram na fase de execução.

Não se pode julgar a prudência de um líder baseando-se nos resultados de *algumas* das suas decisões. Deve-se julgar a totalidade dos resultados obtidos durante a sua liderança.

Os líderes nunca renunciam às suas decisões quando surgem dificuldades na fase de execução. Se determinada decisão provoca uma reação contrária nas pessoas por ela afetadas, isso não quer dizer necessariamente que seja má. Ao contrário, pode querer dizer que a decisão é particularmente oportuna.

Quando Teresa de Ávila, em 1562, começou a sua reforma do Carmelo, não se pode dizer que a sua decisão tivesse caído muito bem. Teresa foi caluniada, perseguida pelas autoridades civis e ameaçada pelos tribunais da Inquisição. João da Cruz, cofundador com Teresa dos Carmelitas Descalços, foi encarcerado durante nove meses numa célula minúscula e sufocante.

---

(76) P. Drucker, *op. cit.*, pág. 145.

ALEXANDRE HAVARD

Ante a perseguição, Teresa e João agiram com calma e perseverança. A violência dos seus opositores não os esmoreceu. Sabiam que era necessário efetuar no corpo da Igreja Católica uma cirurgia profunda e dolorosa. A sua perseverança obteve resultados excepcionais: as suas reformas propagaram-se muito rapidamente pela Espanha e por toda a Europa.

Ser e percepção

No centro da virtude da prudência encontra-se a relação entre o caráter de líder e a sua capacidade de captar a realidade: em outras palavras, a relação *entre o que somos e o que vemos*.

A nossa capacidade de entender a realidade e tomar decisões prudentes depende do grau em que pratiquemos as virtudes. Como observou Aristóteles, «o homem bom julga cada coisa com retidão e capta em cada coisa a verdade»[77]. O soberbo, pelo contrário, considera verdadeiro o que afaga o seu orgulho; o intemperante, o que lhe dá poder, dinheiro ou prazer; o pusilânime, o que justifica a sua covardia ou a sua preguiça.

Entendemos e interpretamos os acontecimentos através do prisma do nosso caráter. Se reforçarmos o nosso caráter, ou seja, se desenvolvermos as nossas virtudes, melhoraremos a nossa capacidade de entender e interpretar as situações à luz da razão.

---

(77) Aristóteles, *Ética a Nicômaco*, III, 4.

PARTE II - SABEDORIA PRÁTICA E VONTADE FIRME 109

Isto não se passa apenas com os acontecimentos; também formamos uma opinião sobre as pessoas através do prisma do nosso caráter. Inconscientemente, projetamos os nossos defeitos nos outros. Se desejamos ardentemente o poder, tendemos a pensar que os que estão à nossa volta também querem o mesmo.

Santo Agostinho sugere uma forma de evitar os juízos errados sobre o caráter e as motivações dos outros. «Procurai adquirir as virtudes que julgais faltarem nos vossos irmãos, e já não vereis os seus defeitos, porque vós mesmos não os tereis»[78].

Se tivermos abundância de virtudes, será mais fácil vermos as pessoas tal como realmente são, com os seus pontos fortes e os seus pontos fracos.

As virtudes iluminam a nossa inteligência, reforçam a nossa vontade e purificam os nossos sentimentos. Capacitam-nos para entender o mundo, os acontecimentos e as pessoas tais como são, e não como nós os imaginamos. Sem essa objetividade, não poderemos tomar boas decisões.

Objetividade não significa imparcialidade. Os líderes tomam decisões objetivas que, em certa medida, são subjetivas. *Tomar decisões de forma prudente não impede ter preferências. Perante uma mesma situação, diferentes líderes, cada um deles no exercício da virtude da prudência, podem tomar decisões diferentes.*

---

(78) Santo Agostinho, *Enarrationes in psalmos*, 30, 2, 7 (PL 36, 243).

2. Fortaleza: manter o rumo

> *É possível que, se mantivermos o rumo, perseguirmos com constância um objetivo e formos previsíveis quanto ao que acreditamos, não ganhemos o afeto dos outros, mas exerceremos uma liderança efetiva, mediante a confiança.*
>
> Warren Bennis

Como acabamos de ver, a prudência desempenha um papel fundamental à hora de tomar decisões. No entanto, a fortaleza também desempenha um papel importante: graças a ela, os líderes evitam as racionalizações, vencem o temor de cometer erros, tomam decisões com prontidão e executam-nas contra vento e maré.

Essa fortaleza tem, no entanto, ramificações que vão além da tomada de decisões.

Uma definição de fortaleza

Comecemos por dizer o que não é fortaleza. Fortaleza não é temeridade. Os melhores soldados e os mais valentes tiveram medo antes da batalha. Cristo experimentou tal terror ante a iminente tortura e execução que o aguardavam, que suou sangue. Muitas vezes, a temeridade provém da falta de capacidade para avaliar corretamente a realidade, o que pode levar a situações particularmente perigosas.

A fortaleza é o sacrifício de si mesmo pela realização

PARTE II - SABEDORIA PRÁTICA E VONTADE FIRME 111

de objetivos justos e prudentes. É essencial o vínculo que existe entre o sacrifício de si mesmo e a nobreza do objetivo. O terrorista que se sacrifica pela sua causa não é forte: é um louco. Uma pessoa pode sacrificar-se por obstinação ou por orgulho. Outra pode sacrificar-se sob a ação de forças diabólicas...

Se os meus valores estão distorcidos, não serei forte, embora seja duro como um calhau. E se me sacrifico apenas pela beleza do gesto, a isso não se pode chamar fortaleza, mas simples estoicismo. «Nem a dificuldade nem o esforço produzem a virtude – escreve Pieper –, mas unicamente o bem. Portanto, a fortaleza aponta para algo anterior [...]. A prudência e a justiça precedem a fortaleza [...]. Só aquele que é justo e prudente pode ser também valente»[79].

Para sermos fortes, não basta atuarmos segundo a nossa consciência. Muitos terroristas atuam segundo a sua consciência. A fortaleza começa quando uma pessoa educa a sua consciência na procura sincera e sistemática da verdade.

Resistência

Ao ouvir a palavra fortaleza, é possível que pensemos em algum caso de valentia fora do comum. Na realidade, o que constitui a essência da fortaleza é a resistência. A capacidade de suportar revela a fortaleza mais secreta e

---

(79) J. Pieper, *Fortitude and Temperance*, Pantheon Books, Nova York, 1954, págs. 18-19.

mais profunda do homem. A resistência não é passividade: exige um espírito particularmente ativo e enérgico. Muitas vezes, é mais difícil para um soldado guardar a sua posição durante vários dias seguidos, no fundo de uma trincheira fria e úmida, do que lançar-se ao ataque, bandeiras ao vento, sob o fogo do inimigo.

Para um líder, resistir significa acima de tudo permanecer fiel à sua consciência, independentemente das circunstâncias.

Para permanecer fiel à sua consciência, Sir Thomas More, o grande humanista e Lord-Chanceler de Henrique VIII, negou-se a reconhecer o rei como chefe autoproclamado de uma nova igreja da Inglaterra inventada por ele. Foi duramente tratado durante os quinze meses em que esteve encarcerado na Torre de Londres, antes de ser decapitado, e, não obstante as tentativas do rei, dos bispos da Inglaterra, da maior parte dos seus amigos e de toda a sua família (incluída a sua querida filha Margaret) para que cedesse, permaneceu firme nas suas convicções.

Os onze atentados terroristas de que foi alvo o chefe de governo russo, Piotr Stolypin, não arrefeceram os seus esforços por reformar o sistema agrário russo. Permaneceu fiel à sua consciência, à sua missão e à sua gente.

Poucas horas depois de uma bomba terrorista ter explodido em sua casa, durante uma recepção, matando 27 pessoas e ferindo 32, entre elas dois dos seus filhos, nem bem se tinha recuperado da explosão, Stolypin voltou ao gabinete para trabalhar até tarde da noite na sua proposta de reforma. A Rússia encontrava-se à beira da catástrofe

PARTE II - SABEDORIA PRÁTICA E VONTADE FIRME 113

e ele compreendia que o seu dever como chefe de governo era empreender com a maior celeridade possível uma transformação completa da vida econômica e social do seu país.

Para Stolypin, o bem da nação era superior à sua dor pessoal: no ataque terrorista, uma de suas filhas, Natacha, de 14 anos, ficou inválida pelo resto da vida. Stolypin sabia que a única maneira de ele e a sua família recuperarem a segurança e a tranquilidade seria demitir-se, mas não tinha a menor intenção de ceder ao terror. No seu testamento, escreveu estas palavras famosas: «Enterrem-me onde me assassinarem».

Na vida cotidiana, os líderes são coerentes e claros no seu comportamento. Não se comportam imoralmente, refugiando-se na imoralidade geral (o famoso argumento: «todo o mundo faz!»). Quando chegam ao escritório, não abandonam os seus valores, «como quem deixa o chapéu à porta», para dizê-lo com uma expressão de Escrivá[80].

Os líderes são imunes aos caprichos da moda. O jovem Ronald Reagan não se preocupava de averiguar para onde sopravam os ventos políticos da época que lhe tocou viver. Nos anos 40 e princípios dos 50, quando os comunistas lutavam por assumir o controle de Hollywood e a grande maioria dos que trabalhavam na indústria cinematográfica «girou para a esquerda» para fazer carreira, Reagan continuou a ser claro e sincero sobre as suas crenças e convicções.

---

(80) Cf. Josemaria Escrivá, *Caminho*, n. 353.

Depois de ter sido durante longos anos um democrata convicto, optou por ser republicano no momento que lhe era menos vantajoso politicamente: quem residia na Casa Branca era John F. Kennedy, um democrata extremamente popular; os democratas controlavam as duas Câmaras do Congresso; os republicanos não ocupavam o poder desde a Grande Depressão e pareciam ter-se acostumado à situação de minoria permanente; a ortodoxia liberal triunfava por toda a parte. Mas Reagan não agia por interesse pessoal. Como diz Peggy Noonan, que escrevia os seus discursos na Casa Branca, «em toda a sua vida, em todas as situações em que se encontrou, lutou por saber o que era bom e por defendê-lo até ao final»[81].

Alexander Solzhenitsyn é outro exemplo notável de resistência. Aguentou durante várias décadas a pressão do regime totalitário que tinha decidido aniquilá-lo. Enquanto se limitou a criticar Stalin, como na sua primeira obra, *Um dia na vida de Ivan Denisovich*, Solzhenitsyn gozou de grande reputação no exterior e na própria Rússia. O livro combinava muito bem com os objetivos de Kruschev, que naquela altura dirigia uma campanha contra o culto à personalidade do ditador. Também era conveniente aos intelectuais marxistas do Ocidente, que admiravam a Revolução de Outubro, mas consideravam que Stalin a tinha atraiçoado.

Nas suas obras posteriores, Solzhenitsyn afirmou claramente que não se opunha somente a Stalin, mas tam-

---

(81) P. Noonan, *op. cit.*, pág. 66.

PARTE II - SABEDORIA PRÁTICA E VONTADE FIRME 115

bém a Lenin e à Revolução de Outubro, e não hesitou em expor os seus pontos de vista heterodoxos na sua *Carta Aberta aos Dirigentes da União Soviética*. Ganhou assim a inimizade do regime soviético e de legiões de intelectuais ocidentais, que antigamente o apoiavam, mas eram simpatizantes da causa revolucionária e dos seus objetivos laicizantes.

Exilado no Ocidente, teve que suportar zombarias e incompreensões por não querer submeter-se aos ideais materialistas que estavam em moda nos anos 70. A legião dos seus detratores, que aumentava de dia para dia, considerava intolerável uma visão do mundo que contradissesse a deles próprios e pintava-o como um inimigo da liberdade e do progresso. Solzhenitsyn não se dobrou.

Durante os últimos trinta anos, a controvérsia sobre o aborto deu à humanidade um bom número de líderes que, pacientemente e com uma capacidade verdadeiramente notável de resistir, se negaram a submeter-se aos ditames da moda.

Jérôme Lejeune é um exemplo notável de fortaleza na luta pela defesa da vida. Mundialmente famoso graças à sua descoberta da causa do síndrome de Down, em 1958, foi proposto como candidato ao Prêmio Nobel. Essa descoberta despertou a esperança de algum dia se chegar à cura desta doença, também chamada mongolismo, e abriu caminhos insuspeitados no campo da genética. Consternado com a crescente adesão da ONU a um programa ideológico oposto à vida, Lejeune desafiou a Assembleia Internacional com esta declaração: «A vida é um fato, não um desejo... Temos diante dos nossos olhos uma instituição de saúde que se transforma numa instituição de morte». Depois de ter dito a verdade com liberdade, confiou à sua esposa: «Esta tarde perdi o meu Prêmio Nobel».

Para defender a verdade científica e a grande verdade moral que dela derivava, Lejeune teve que resistir ao espírito dos tempos, em particular ao espírito revolucionário de maio de 68. O ambiente em que se movia foi fazendo rapidamente o vazio em torno dele. Pintadas em grandes letras negras nos muros da Faculdade de Medicina, apareceram as seguintes palavras: «Que Lejeune trema! O Movimento revolucionário estudantil observa-o!... Lejeune é um assassino! Morte a Lejeune! Lejeune e os seus pequenos monstros (referência às crianças com síndrome de Down) devem morrer!» Assediado verbal e fisicamente, deixou de ser convidado para conferências internacionais sobre genética. Cancelaram o financiamento para as suas pesquisas, e ele viu-se obrigado a fechar o seu laboratório e a despedir a sua equipe de trabalho.

Aquele que, aos trinta e oito anos de idade, se tinha convertido no professor de Medicina mais jovem da França e no primeiro catedrático de Genética fundamental, encontrou-se da noite para o dia sem financiamento, sem colaboradores e sem sala: abandonado pelos amigos e crucificado pela imprensa, ficou reduzido à condição de pária. Mas aceitou essa situação com a serenidade e a alegria de não ter cedido em momento algum aos alaridos

PARTE II - SABEDORIA PRÁTICA E VONTADE FIRME   117

diabólicos dos meios de opinião. Morreu na segunda-feira de Páscoa de 1994, depois de uma agonia que tinha começado na Quarta-feira santa[82].

A Madre Teresa de Calcutá, líder religiosa das mais impressionantes do século XX, é outro exemplo de fortaleza na luta pela defesa da vida. No seu discurso de aceitação do Prêmio Nobel em 1979, não hesitou em estabelecer um vínculo direto entre a defesa das crianças não nascidas e a causa da paz: «Penso que o grande destruidor da paz hoje em dia é o aborto, porque é uma verdadeira guerra, uma morte direta, um verdadeiro assassinato perpetrado pela própria mãe. Se uma mãe mata o seu próprio filho, o que impedirá que eu mate você ou que você me mate?»

Na controvérsia sobre o aborto, Ronald Reagan não encolheu a língua, embora os seus assessores o tivessem avisado de que isso o prejudicaria nas pesquisas. Nenhum político falou do direito à vida com tanta clareza e força como o fez Reagan. O seu famoso discurso de 8 de março de 1984, em que denunciou publicamente a União Soviética como «o Império do Mal», versou mais sobre o aborto e a alma da América do que sobre o comunismo: «A legislação sobre a vida humana que leva a esta tragédia chegará um dia ao Congresso, e nós não devemos descansar até esse momento. A menos que se possa provar que a criança não nascida não é uma pessoa vivente, deve-se proteger o seu direito à vida, à liberdade e

---

(82) Cf. C. Lejeune, *op. cit.*, págs. 47, 54 e 110.

à procura da felicidade. Talvez se recordem de que, quando começou o aborto legal, muitos preveniram que essa prática levaria a um enfraquecimento do respeito à vida humana em geral e que as premissas filosóficas utilizadas para justificar o aborto legal acabariam por ser utilizadas para justificar outros ataques ao caráter sagrado da vida humana, incluídos o infanticídio e a eutanásia. Lamentavelmente, vem-se comprovando que essas advertências tinham muita razão».

Os líderes não desanimam quando a sociedade rejeita as suas ideias e a imprensa os calunia. Reagan foi qualificado como cabeça-dura afável, ator decadente e belicista. Josemaria Escrivá foi tachado de herege, comunista e fascista, e a organização que tinha fundado, considerada seita e máfia. Os conterrâneos de Robert Schuman chamaram-no «o Boche»[83], por ter oferecido um ramo de oliveira ao inimigo tradicional da França. Os lobbies ideológicos e comerciais acusaram João Paulo II de responsável por um verdadeiro genocídio no terceiro mundo, por ter-se negado a aprovar o uso da camisinha na luta contra a aids. Solzhenitsyn foi denominado aiatolá russo, intolerante e teocrata, por ter proposto para a Rússia um futuro inspirado em princípios cristãos.

O líder deve estar preparado para receber violentas críticas dos seus adversários e dos meios de comunicação. Deve saber que vai sofrer. Mas também deve aprender a sorrir. A resistência produz a paz do coração, do espírito e

---

(83) Termo depreciativo francês para designar um alemão (N. do T.).

PARTE II - SABEDORIA PRÁTICA E VONTADE FIRME 119

da alma, e o santo orgulho de se ter lutado por uma causa justa.

Enquanto esperava pelo dia da execução, Thomas More conservou a calma e o bom humor que o caracterizavam, coisa que impressionou profundamente os que o visitavam. O biógrafo de More, Gerard Wegemer, observa: «O seu bom humor não era simplesmente uma questão de temperamento. A sua extraordinária calma era fruto do delicado respeito que tinha pela sua consciência, o que lhe permitiu avaliar as exigências particulares de cada situação, ao mesmo tempo que mantinha os olhos fixos na eternidade»[84].

Tive o prazer e a honra de conhecer pessoalmente o Papa João Paulo II, Alexander Solzhenitsyn, Lech Walesa e Jérôme Lejeune. Lembro-me bem da paz e alegria que irradiavam apesar dos sofrimentos suportados, ou talvez por causa deles. Não havia sombra alguma de ódio, de amargura ou de ressentimento em nenhum deles. Conheci Solzhenitsyn na sua *dacha*, próxima de Moscou, quando tinha 85 anos e já não gozava de muito boa saúde. Nunca me esquecerei do seu bom humor e do seu entusiasmo contagiante pela vida. Da mesma maneira, a impressionante serenidade de Jérôme Lejeune era, indubitavelmente, fruto da sua fortaleza. Poderiam servir-lhe de epitáfio umas palavras que pronunciou certa vez: «Não combato os homens; combato as ideias falsas». Quem jul-

---

(84) G. Wegemer, Thomas More, *A Portrait of Courage*, Scepter Publishers, Nova York, 1995, págs. 222-223.

ga as ideias, e não as pessoas que as lançam ou propagam, nunca pode receber a título pessoal os ataques de que é objeto e nunca perde a paz da alma.

Valentia e audácia

Os líderes suportam o mal com equanimidade, mas não hesitam em destruí-lo quando chega a ocasião. Quando Lech Walesa fundou o sindicato *Solidariedade*, lançando assim um desafio ao Kremlin, contava com o apoio de João Paulo II e de Ronald Reagan. Embora esse apoio tenha sido essencial para o êxito do *Solidariedade*, não teria tido nenhum peso se Lech Walesa não estivesse preparado para a batalha.

«Uma qualidade comum dos líderes – diz Bennis – é a sua inclinação para a ação. Ou seja, os líderes têm a capacidade de converter o objetivo e o ideal em ação. Não basta ter um grande ideal que se possa utilizar para inspirar os outros. É necessário que esse ideal se manifeste externamente, que se materialize de algum modo e que produza resultados. A maioria dos líderes são sonhadores pragmáticos e idealistas práticos»[85].

Os líderes não temem correr riscos. «Libertai e estimulai as pessoas a correr riscos, levando a situação ao limite, para ver o que acontece»[86]. Esse era o lema de François Michelin.

---

(85) W. Bennis e J. Goldsmith, *op. cit.*, prefácio e pág. 4.
(86) Cf. J. Couretas, *op. cit.*

PARTE II - SABEDORIA PRÁTICA E VONTADE FIRME   121

São poucos os que sabem apreciar a imensa força criadora necessária para erguer uma empresa a partir do zero. Depois que o negócio funciona, é fácil pensar que «qualquer um poderia tê-lo feito». Mas raras vezes os que triunfam nos inícios são «qualquer um». Habitualmente, são pessoas de caráter e de talento que estão preparadas para correr riscos e agir com decisão.

Os líderes perseveram no que fazem. Levam até o fim os seus projetos, cuidando dos detalhes. A sua perseverança não é consequência da inércia nem resultado de uma grande teimosia, mas resultado dos seus sólidos princípios.

Robert Schuman e Jean Monnet, por exemplo, dedicaram anos inteiros de suas vidas a convencer políticos de todas as tendências, um a um, dia após dia, da necessidade urgente de ter uma Europa integrada. Escrivá não interrompeu as suas atividades apostólicas durante a Guerra civil espanhola, embora se viessem queimando igrejas e prendendo, torturando e fuzilando sacerdotes.

Os líderes não realizam os seus sonhos com palavras brilhantes e gestos espetaculares, mas com um trabalho constante. São fortes, mas sabem ser discretos. Têm o autodomínio, que é o triunfo do coração e do espírito. A esta importante virtude dedicaremos agora a nossa atenção.

3. Autodomínio: o triunfo do coração e do espírito

> *Já não ensino a dirigir as pessoas no trabalho [...] Ensino, sobretudo, o domínio próprio.*
>
> Peter Drucker

Antes de dirigirmos os outros, é necessário que aprendamos a dirigir-nos a nós mesmos. É necessário adquirirmos a virtude do autodomínio, também denominada *temperança*, que submete as paixões, as emoções e os sentimentos à razão, canalizando as energias para a execução da nossa missão.

O autodomínio é inseparável da humildade. Cria no coração do líder um espaço para os outros, um espaço em que o ideal de serviço chegue a materializar-se. A pessoa que não é temperante raramente está disposta a servir e normalmente está centrada em si mesma.

Com frequência, os livros sobre liderança esquecem a virtude do autodomínio, coisa que não é nada surpreendente: numa sociedade que enfatiza o prazer sensual e a comodidade material, o autodomínio é uma virtude anticultural. Além disso, alguns concebem a liderança como uma atividade «pública», que não teria, segundo eles, nenhuma relação com a nossa vida «particular», «pessoal» ou «íntima». Mas basta considerarmos as consequências da falta de temperança para compreender como é necessário que os líderes cultivem a virtude do autodomínio.

PARTE II - SABEDORIA PRÁTICA E VONTADE FIRME   123

A falta de temperança prejudica a inteligência, na medida em que obscurece a luz da razão. Quem se lança à busca do poder, do dinheiro ou do prazer perde o contacto com a realidade. «O abandono e a rendição da alma ao mundo da sensualidade – escreve Pieper – paralisam as faculdades fundamentais da pessoa moral, isto é, a capacidade de captar em silêncio a chamada da realidade e de tomar, no recesso desse silêncio, a decisão adequada a essa realidade. Acabam por cegar a inteligência e desintegrar o poder de decisão»[87].

A falta de temperança prejudica a vontade, pois mina a fortaleza (capacidade de manter o rumo) e a justiça; é muito improvável que uma pessoa escrava do poder, do dinheiro ou do prazer sensual demonstre algum tipo de interesse pelo bem comum e de respeito pela dignidade dos que tem ao seu redor.

Acima de tudo, a falta de temperança prejudica o coração: impede a prática da magnanimidade e da humildade. A pessoa intemperante, obcecada pelo seu poder, pelos seus bens e prazeres chega a considerar a vida como um acúmulo de sensações. Perde o sentido de missão e o sentido de serviço.

A falta de temperança prejudica a confiança. Escrivá ilustra este ponto por meio de um conto: «Não sei se vos terão contado na infância a fábula do camponês a quem ofereceram um faisão dourado. Passado o primeiro momento de alegria e de surpresa pelo presente, o novo

---

(87) J. Pieper, *Fortitude and Temperance*, pág. 63.

dono procurou um lugar onde encerrá-lo. Ao cabo de bastantes horas, após muitas dúvidas e diferentes planos, optou por metê-lo no galinheiro. As galinhas, admiradas com a beleza do recém-chegado, giravam-lhe em volta com o pasmo de quem descobre um semideus. No meio de tanto alvoroço, chegou a hora da pitança e, quando o dono lançou os primeiros punhados de farelo, o faisão – famélico pela espera – lançou-se com avidez a tirar a barriga da miséria. Perante um espetáculo tão vulgar – aquele prodígio de beleza comia com as mesmas ânsias do animal mais comum –, as desencantadas companheiras de galinheiro arremeteram a bicadas contra o ídolo caído, até lhe arrancarem as penas todas»[88].

Se o meu chefe se aborrece quando o contradigo, ou se mostra invejoso quando outros começam a eclipsá-lo, ou se comporta com as mulheres como o faria com uma garrafa de Coca-Cola, não demorarei a perder a minha confiança nele. Se eu for um preguiçoso, talvez suporte o ambiente que ele cria em torno de si; se for um boboca, talvez o adule. Mas não o terei na conta de um líder. Como as galinhas que se lançaram sobre o nosso orgulhoso faisão, desprezá-lo-ei.

Em geral, as pessoas normais não caem na ingenuidade de considerar a vida *pública* de um líder e o seu comportamento *pessoal* como coisas radicalmente diferentes. Aborrece-as profundamente essa dupla moral, embora nem sempre o digam em voz alta.

---

(88) Josemaria Escrivá, *Amigos de Deus*, n. 113.

PARTE II - SABEDORIA PRÁTICA E VONTADE FIRME   125

O autodomínio influi diretamente no modo como os líderes cumprem os seus deveres profissionais. Pensemos, por exemplo, no famoso problema do emprego do tempo. Os líderes sabem que devem dedicar uma parte muito importante do seu tempo às funções específicas do cargo que desempenham: o planejamento a longo prazo, a educação moral e profissional do pessoal, a motivação dos subordinados, etc. Muitos estudos mostram que os líderes raramente dedicam mais de dez por cento do seu tempo a essas funções essenciais. Tendem a ocupar-se naquilo que gostam de fazer, mais do que naquilo que devem fazer. Trata-se de uma fraqueza humana natural, mas também é um fracasso do autodomínio.

«Em geral – afirma Covey –, os assuntos que achamos "urgentes" saltam à vista. Pressionam-nos; convidam-nos a agir [...]. Em geral, temo-los diante do nariz. E costumam ser agradáveis, fáceis, divertidos. Mas com a mesma frequência carecem de importância! A importância, por outro lado, tem a ver com os resultados. Se uma coisa é importante, contribui para a nossa missão, para os nossos valores, para as nossas metas prioritárias»[89]. Quantas vezes não teremos visto o nosso chefe tratar de «assuntos urgentes», que depois se revelaram triviais!

São muitas as pessoas que ocupam cargos diretivos, mas não sabem controlar as suas paixões. Organizar seminários sobre como administrar o tempo não é a solução: não se trata de um problema de tipo técnico, mas

---

(89) S. Covey, *The seven habits of people highly effective*, pág. 172.

sim de tipo moral. É necessário aprender a controlar as paixões.

Direção, mais do que repressão

Platão considerava o corpo como a prisão da alma e comparava as paixões às correntes que a escravizam. Sustentava que o homem deve libertar-se da tirania das paixões, ultrapassar o mundo material e entrar no reino do espírito. Considerava a liberdade como meio de libertar-se da realidade material.

Mas o corpo, tal como a alma, é uma criação de Deus, e as paixões são uma expressão da natureza humana. Reprimir as paixões renunciando à realidade material é um erro. O que se deve fazer é submeter as paixões à razão e desenvolver a virtude do autodomínio.

Assim como têm uma alma, os seres humanos têm um corpo. Uma pessoa que fosse exclusivamente espiritual deixaria de ser completamente humana. As paixões são a fonte que alimenta e vivifica a natureza humana. As virtudes humanas pressupõem as paixões. O platonismo, e com ele o estoicismo e o puritanismo, são incapazes de captar a riqueza da natureza humana.

As paixões não devem ser reprimidas, mas canalizadas pela inteligência. O autodomínio, em palavras de Pieper, é como «as bordas, as margens de um rio, cuja solidez proporciona à corrente o dom de um curso reto, sem obstáculos, vigoroso, com inclinação e velocidade»[90].

---

(90) J. Pieper, *op. cit.*, pág. 82.

O poder da pureza

A sexualidade é um dom de Deus. Tem por objetivo o amor e a procriação. Fazer do sexo principalmente um instrumento de gratificação pessoal é introduzir o caos no próprio coração do ser humano.

Mas é essa a ideia de sexualidade que os meios de comunicação, por razões ideológicas e comerciais, tratam de introduzir na consciência das pessoas. Um número cada vez maior de homens e mulheres utiliza contraceptivos e consome pornografia, o que os torna cada vez menos capazes de manifestar emoções e sentimentos *humanos*.

Nos inícios da revolução sexual, o psiquiatra Viktor Frankl chamava a atenção para os primeiros sinais de um fenômeno que depois se tornou onipresente: a tendência dos maridos a instrumentalizar a esposa e vice-versa, mediante a estimulação sexual, passando assim por cima do amor, que é a essência do casamento.

Esta instrumentalização do sexo cria habitualmente um fosso entre marido e mulher. «Eu não chegava a compreender a origem da nossa hostilidade», reconhecia o protagonista principal de *Sonata a Kreutzer*, de Tolstói. «E, no entanto, como ela era evidente! Essa hostilidade não era outra coisa senão um protesto da natureza humana contra a besta que a oprimia. Esse ódio era o ódio dos cúmplices de um crime»[91].

Parafraseando o escritor espanhol Pio Baroja, pode-se

---

(91) L. Tolstói, *Sonata a Kreutzer*, cap. 13.

dizer que a pessoa convencida de estar um milímetro acima do macaco se comporta na prática como se estivesse um centímetro abaixo do porco. Nesse contexto – que é um verdadeiro suicídio coletivo –, é de uma importância capital a afirmação de Aristóteles segundo a qual o autodomínio constitui o verdadeiro «amor por si mesmo»[92]. O domínio de si constitui, efetivamente, uma proteção contra as forças do caos e da destruição que ameaçam a nossa existência e a de toda a sociedade.

A virtude do autodomínio é, no entanto, mais que isso. Inclui a virtude da pureza que, em palavras de Escrivá, é «a afirmação decidida de uma vontade enamorada»[93]. A pureza não é uma simples proteção; ajuda-nos verdadeiramente a esquecer-nos de nós mesmos e a pôr o olhar em Deus, nos outros e nas suas necessidades.

A pureza, enquanto manifestação radical e poderosa da generosidade, predispõe o líder a estar aberto aos outros, a servi-los com coragem, alegremente e sem cálculo.

Desprendimento: o domínio do espírito

O autodomínio envolve também a virtude do desapego dos bens materiais, do dinheiro, do poder, da reputação e das coisas do mundo em geral.

Essas coisas podem ser objetivamente boas, mas não podem em si mesmas constituir objetivos finais. Quem

---

(92) Aristóteles, *Ética a Nicômaco*, 9, 8.

(93) Josemaria Escrivá, *É Cristo que passa*, Quadrante, São Paulo, 5ª ed., 2018, n. 25.

PARTE II - SABEDORIA PRÁTICA E VONTADE FIRME   129

não pratica o desprendimento acaba por tornar-se escravo das coisas e vive sob o medo de perdê-las ou de vê-las diminuir de valor.

O desprendimento não tem nada a ver com a materialidade de a pessoa ser rica ou pobre. É uma qualidade do espírito que se pode praticar no meio da abundância.

Como qualquer outra virtude, o desprendimento, é vivido por líderes que diferem quanto à mentalidade, espírito e temperamento, mas que coincidem na busca da excelência e da grandeza. Todos são chamados a praticar um desprendimento heroico. O diretor de uma multinacional é chamado a viver o desprendimento no mesmo grau de exigência com que o vive um monge trapista. Isto não quer dizer que deva ir ao escritório de sandálias e vestido de burel.

«O desprendimento que prego – afirma Escrivá – não [é] clamorosa e chamativa pobretice, máscara da preguiça e do desleixo. Deves vestir-te de acordo com o tom da tua condição, do teu ambiente, da tua família, do teu trabalho [...]. Com naturalidade, sem extravagâncias»[94].

Ser desprendido significa conservar em bom estado as coisas que utilizamos, fazer com que durem e tirar-lhes o melhor partido possível. Quando Robert Schuman foi ministro da Economia, aplicou uma política de austeridade fiscal para levantar a economia da França, após a Segunda Guerra Mundial. Ele próprio dava exemplo: à tarde, apagava as luzes dos escritórios e corredores

(94) Josemaria Escrivá, *Amigos de Deus*, n. 122.

do ministério. Nos fins de semana, viajava para a sua casa de Lorraine, mas não reservava um compartimento do trem só para ele, embora tivesse direito a isso. Entrava na fila para comprar a sua passagem, como qualquer outro. «Não desprezemos a pequena poupança – dizia –. A soma de pequenas poupanças faz grandes poupanças»[95].

O desprendimento, assim como a pureza, é domínio do coração. O desprendimento e a pureza são as asas que permitem aos líderes subirem às alturas, como as águias.

Tempo para suavidade e tempo para a ira

O autodomínio aplica-se a toda a gama de emoções, entre elas a ira. Os líderes não perdem facilmente a calma. Permanecem serenos, mesmo nas circunstâncias mais duras, e não hesitam em tratar com respeito e amabilidade todos os que os rodeiam. «No ambiente febril dos debates parlamentares – escrevia o deputado socialista André Philippe –, era revigorante deparar com um homem como Schuman, sempre disposto a dialogar, procurando persuadir, tomando em consideração as objeções, sempre com a mesma serenidade e a mesma cortesia. Nunca usava expressões vulgares nem exagerava o peso do argumento, e também não elevava o tom de voz»[96].

Se você praticar a amabilidade, os que mais lhe fazem oposição começarão a escutá-lo. Os seus companheiros

---

(95) Cf. R. Lejeune, *op. cit.*, cap. 13.
(96) Cf.. Lejeune, *op. cit.*, Prólogo 2.

PARTE II - SABEDORIA PRÁTICA E VONTADE FIRME   131

olhá-lo-áo com afeto se você souber corrigi-los caritati-
vamente, sem se deixar levar pela ira nem perder o controle.

A ira que acompanha um desejo de vingança é sempre
má. Existe, no entanto, uma ira justa, uma reação nobre
ante a injustiça. É a ira que Jesus mostrou quando expul-
sou os mercadores do Templo com um chicote. Trata-se
de uma ira que tem por objeto estimular a ação.

Robert Schuman, homem pacífico por temperamento, não hesitou em mostrar os dentes quando a República
francesa pretendeu abolir a educação religiosa nos territórios da Alsácia e Lorena, que tinham voltado a pertencer
à França depois da Primeira Guerra Mundial. Embora
fosse um deputado jovem na Assembleia Nacional, não
hesitou em exprimir claramente o seu pensamento: «A
escola laica é um instrumento para descristianizar a França; rejeitamo-la». O governo viu-se obrigado a bater em
retirada.

Enquanto a passividade perante a injustiça é frequentemente a origem de miseráveis covardias, a ira justa costuma ser causa de façanhas heroicas.

Gratidão e inveja

A inveja é um vício incompatível com a liderança. É
um traço evidente de pusilanimidade. A pessoa invejosa
está convencida de que os bens materiais, culturais e espirituais são limitados e não se podem compartilhar.

A inveja não é a ambição de ser tão rico ou tão virtuoso como o vizinho; essa ambição entra dentro do razoável e até pode indicar um pendor para a liderança. É outra coisa. Envolve amargura, ressentimento, ódio e desejo de humilhar.

Não há lugar para a inveja num coração de líder. Os líderes praticam a virtude da gratidão, que é oposta à inveja. Agradecem e recompensam as pessoas pelos seus esforços.

Studiositas *e* curiositas

Os líderes são estudiosos, não curiosos. As palavras latinas *studiositas* e *curiositas* estabelecem a diferença entre o desejo moderado e o desejo imoderado de conhecimento. A *studiositas* é o desejo de saber, com a finalidade de captar a realidade e compreender a natureza das coisas. A *curiositas* é o desejo de saber, mas pelo prazer que isso produz. Trata-se de uma espécie de promiscuidade espiritual que a poetisa russa Marina Tsvetáyeva qualificava como «desenfreio cerebral».

É lógico que os líderes se esforcem por melhorar o seu nível cultural. Mas a cultura é coisa bem diferente do acúmulo superficial de informação. Naturalmente, temos necessidade de informação, mas, uma vez adquirida, devemos saber como utilizá-la. Precisamos de tempo para refletir. Temos necessidade de dispor de um marco moral que nos permita dar um sentido a dados e ideias díspares. Devemos ser capazes de distinguir a verdade e a beleza da mentira e do mau gosto. Essa é a função da *studiositas*.

PARTE II - SABEDORIA PRÁTICA E VONTADE FIRME   133

Os líderes não leem qualquer livro, não assistem a qualquer filme nem escutam qualquer música. Conscientes da sua dignidade de seres humanos, rejeitam o que é moralmente duvidoso e alimentam o seu coração e inteligência com o que é nobre. Têm um plano para desenvolver a sua personalidade e a dos seus colaboradores. Para isso devem ser seletivos, o que envolve praticar a virtude do autodomínio.

Conclusão

Se não cultivarmos o autodomínio, o nosso desejo de servir não durará muito. Obcecar-nos-emos com os nossos prazeres e com as nossas posses, perderemos de vista os que nos rodeiam e abandonaremos os nossos projetos mais nobres e mais ambiciosos.

Para aprendermos a dizer «sim» ao que é nobre e verdadeiro, devemos aprender a dizer «não» a tudo o que é prejudicial ou constitui uma perda de tempo. Longe de ser um traço de puritanismo, o autodomínio é a condição prévia da magnanimidade.

4. Justiça: comunhão e comunicação

> *A justiça é uma piedosa atenção a todas as coisas.*
>
> Viacheslav Ivanov

A última virtude que vamos considerar é a justiça. A justiça é o hábito de dar a cada um o que é seu.

Assim como a prudência, a fortaleza e o autodomínio, dirige os esforços do homem para ordenar a sua própria vida interior. Mas vai mais longe: orienta as relações do homem com a comunidade, regula as relações do homem com os outros. É, portanto, muito mais do que um conceito de ciência jurídica, política ou social. É uma virtude pessoal, uma qualidade do caráter.

Muitos consideram-se justos porque obedecem às leis, pagam os seus impostos e sustentam generosamente associações beneficentes que cuidam de aliviar a pobreza no mundo. Coisas admiráveis, mas a justiça é muito mais do que isso. O homem justo dá a cada um o que é seu quando cumpre fielmente as suas obrigações profissionais, familiares, sociais e religiosas.

A natureza humana é inalterável

A própria ideia de que há coisas que pertencem ao nosso próximo, que lhe são *devidas* simplesmente porque ele existe, traz como consequência reconhecer que ele tem

PARTE II - SABEDORIA PRÁTICA E VONTADE FIRME 135

direitos. Mas esses direitos não podem ser estabelecidos solidamente se faltar um conceito do homem e da natureza humana baseado na razão.

Se não dispusermos desse conceito, caminharemos irremediavelmente para um mundo sem direitos e, portanto, sem justiça, para o mundo de Auschwitz e de Kolymá[97].

A natureza humana não é uma ilusão, uma construção intelectual irreal. É inteligível e contém princípios imutáveis, que são as leis naturais, cognoscíveis por si mesmas. Os Estados totalitários do século XX não conseguiram aboli-la, e não foi por não o terem tentado. Hoje, os Estados democráticos liberais procuram assumir essa tarefa.

No verão de 1983, fiz a minha primeira viagem à União Soviética com o objetivo de visitar os meus primos da República da Geórgia, no sul do país. Hospedei-me em casa de minha tia-avó Elena. Ela vivia sozinha com o seu filho, desde um aziago dia de 1938 em que a polícia secreta comunista fuzilara o seu marido e dois dos seus

---

(97) Kolymá é uma distante região da Rússia oriental (o seu território ocupa, mais ou menos, quatro vezes a superfície da França) onde se instalaram os campos de concentração mais severos da União Soviética. Mais de um milhão de prisioneiros, principalmente russos, morreram de fome e de esgotamento nas minas de ouro, urânio e outras matérias primas dessa terra gelada. Kolymá foi, em palavras de Solzhenitsyn, «o ponto culminante da ferocidade deste assombroso país de Gulag». Como Auschwitz – o campo de extermínio nazista em que morreram milhões de pessoas, principalmente judeus –, Kolymá converteu-se no símbolo da desumanidade e da falência moral dos sistemas ideológicos ateus.

três irmãos. O seu terceiro irmão fugira da União Soviética em 1928 e estabelecera-se em Paris, onde viera a casar--se com Madeleine Ducrocq, filha de um general do exército francês. Chamava-se Artchil Guedevanichvili. Era o meu avô materno.

Minha tia Elena apresentou-me um primo longínquo, de nome Sandro, que eu não conhecia. Tínhamos a mesma idade, 21 anos, e os dois éramos estudantes. Fizemos amizade rapidamente e decidimos passar uns dias em Batumi, na costa do Mar Negro. Durante o dia, o apartamento em que vivíamos oferecia uma vista esplêndida do mar e da cidade. À noite, era impossível dormir, porque, desde a hora do crepúsculo, algumas anciãs se desfaziam em prantos num cemitério próximo. Então, Sandro e eu, providos de uma garrafa de vinho georgiano e um maço de cigarros russos, instalávamo-nos na varanda e conversávamos até ao amanhecer sobre a vida, a morte e a eternidade.

Para minha grande surpresa, descobri que Sandro, embora nascido e educado na União Soviética, tinha os mesmos valores que eu. Na sua educação marxista ortodoxa e como membro da Komsomol (organização juvenil comunista), nunca tinha ouvido falar de Deus, nem de espírito, nem de natureza humana, nem de amor. Tinham-lhe enchido a cabeça de conceitos materialistas e ateus (luta de classes, proeminência da matéria, caráter científico do socialismo). Mas possuía o verdadeiro sentido do homem e da sua natureza, como se fosse inato nele. Comecei então a compreender que há um sentido

PARTE II - SABEDORIA PRÁTICA E VONTADE FIRME   137

de Deus e do homem anterior à educação, capaz de resistir à propaganda mais virulenta.

A tentação de «libertar» o homem da sua própria natureza não é exclusiva do marxismo: é uma tentação comum a todas as ideologias materialistas. Filósofos como Nietzsche, Sartre e Beauvoir sempre rejeitaram a existência de uma natureza humana. Para eles, o homem é só *vontade*. A razão não conta para nada.

Mais recentemente, Elisabeth Badinter, escritora e esposa de um antigo Ministro da Justiça francês, propôs *libertar as mulheres da feminilidade* pelo desenvolvimento de uma incubadora que levasse a cabo a gestação dos filhos durante nove meses; e *libertar os homens da masculinidade* pelo desenvolvimento de tecnologias que lhes permitissem conceber um filho e dá-lo à luz por cesariana. Esta negação da natureza biológica que está incrustada *no ambiente* reflete um espírito totalitário. O projeto Badinter é pura charlatanice, digna do biólogo soviético Lysenko[98]. Como projeto, está condenado ao fracasso, mas as suas consequências podem ser catastróficas.

Quando se questiona a inalterabilidade da natureza humana, os direitos do homem deixam de existir. Os direitos do homem são sacrossantos, porque estão inscritos

---

(98) Trofim Denísovich Lysenko (1898-1976) foi o biólogo mais famoso do *establishment* da URSS na época de Stalin. Com a sua rejeição da genética moderna, por ele considerada uma «pseudociência burguesa», deu lugar a consequências nefastas para a agricultura da URSS e para a atual Rússia. O nome de Lysenko é sinónimo de charlatanice e incompetência, e também dos desastres resultantes da ideologia, quando não se quer reconhecer a existência das leis da natureza.

na nossa natureza. Podem ser reconhecidos por convenções internacionais como, por exemplo, a Declaração Universal dos Direitos do Homem, de 1948, mas não derivam desses convênios. Transcendem os parlamentos e os tribunais.

Os ataques ao inviolável direito à vida multiplicaram-se de modo absurdo quando se começou a pôr em dúvida a existência de uma natureza humana inalterável. As vítimas do aborto e da eutanásia pagaram e continuam a pagar o preço amargo desta nova forma de totalitarismo. O «totalitarismo democrático» é a ideologia que governa atualmente o Ocidente.

Os conceitos de justiça e democracia não são conceitos equivalentes; a história recente da humanidade mostra que maiorias bem consolidadas são capazes de espezinhar os direitos do homem: os Estados Unidos legalizaram a escravatura, de Washington a Lincoln; Hitler foi eleito democraticamente; durante a maior parte do século XX, uma multidão incontável de intelectuais considerou o marxismo como a nova bíblia dos europeus, apesar das provas indiscutíveis do seu fracasso a leste do Muro de Berlim.

Falar de justiça é falar de direitos fundamentais da pessoa que, como já sublinhamos, não derivam de convenções sociais efêmeras, mas dos princípios imutáveis da natureza humana. Estes direitos fundam-se na razão e não dependem dos movimentos caprichosos da opinião pública. Eis a regra de ouro da ética: «a razão primeiro, depois a vontade».

Justiça e bem comum

Existir como pessoa significa existir *em comunhão* com outras pessoas. Os seres humanos são seres sociais e desenvolvem-se em comunhão com os outros.

Individualismo e respeito pela individualidade são noções contraditórias. «A verdadeira individualidade – afirma o filósofo russo Vladimir Soloviev – é uma expressão da unidade na diversidade, um lugar de percepção e assimilação de tudo o que é exterior a nós mesmos. Quando o homem se afirma a si mesmo, sem referência aos outros, priva a sua existência de sentido e transforma-a numa realidade puramente formal, sem conteúdo. O egoísmo não é, portanto, uma afirmação do indivíduo, mas a sua negação, a sua sentença de morte»[99].

Os líderes nunca confundem a comunidade com a coletividade, como fizeram os filósofos da Ilustração. Veem na comunidade seres humanos reais e pessoais, não uma massa anônima ou uma amálgama de classes sociais antagônicas.

Os líderes contribuem para o desenvolvimento do bem comum, que transcende totalmente o Produto Nacional Bruto ou outros indicadores de prosperidade. Contribuir para o bem comum significa contribuir para a construção de uma sociedade em que cada um possa tender para a *perfeição moral e o bem-estar material*. O bem comum envolve o respeito pela verdade, liberdade, educação, tra-

---

(99) V. Soloviev, *Le sens de l'amour*, II, 3.

balho, família, propriedade, religião, direitos do homem, cultura, saúde e legislação.

Os líderes promovem o bem comum, não com boas palavras, mas pelo cumprimento fiel das suas responsabilidades profissionais, sociais, familiares e religiosas.

Justiça e deveres ordinários

Os líderes procuram a perfeição no seu trabalho. Plotino, o filósofo de Alexandria, dizia, há dois mil anos, que homem justo é aquele que «faz o seu trabalho» e «cumpre o seu dever»[100].

Os líderes trabalham com a maior competência possível. Santificam o seu trabalho e convertem-no em oração, transformando, no dizer de Escrivá «a prosa diária em decassílabos, em poesia heroica»[101].

Os líderes concebem o seu trabalho como um serviço a todos. «A responsabilidade dos chefes – afirma Drucker – consiste em fazerem do bem comum o seu interesse particular. Não é fácil conduzir-se de tal modo que aquilo que é um bem para a sociedade civil seja um bem para a empresa. Isso requer um trabalho intenso, grandes dotes de direção, um profundo sentido de responsabilidade e aspirações altas [...]. Mas se os chefes desejam ser o

---

(100) Plotino, *Eneades*, I, 2, 6. Citado por Pieper, *Justice*, Pantheon Books, Nova York, 1955, pág. 46.

(101) Josemaria Escrivá, *Sulco*, Quadrante, São Paulo, 4ª ed., 2016, n. 500.

PARTE II - SABEDORIA PRÁTICA E VONTADE FIRME 141

grupo líder da sociedade [...], esta regra deve ser para eles o ponto de referência»[102].

Os líderes extraem a sua força da vida familiar. O amor ao trabalho é diferente do vício do trabalho. Se eu me dedico em excesso à minha tarefa profissional, por muito apaixonante que seja, e me esqueço da minha vida familiar, estou muito longe de compreender o que é a virtude da justiça.

Thomas More, Piotr Stolypin, Carlos de Habsburgo e Jérôme Lejeune foram maravilhosos esposos e pais de família. Ao pesquisar sobre os diretores das maiores empresas norte-americanas, Warren Bennis não se surpreendeu muito ao descobrir que quase todos continuavam bem casados.

Guiados pela virtude da prudência, os líderes sabem escolher bem quando surgem conflitos entre os seus compromissos profissionais e os seus deveres familiares. Não há fórmulas mágicas para resolver esses conflitos, mas se o nosso lema for «a família primeiro», certamente andaremos por bom caminho. Uma vez, um amigo empresário participava de uma reunião do conselho de administração que, por ter sido mal preparada, nunca mais terminava. Por volta das oito da noite, anunciou aos colegas: «Meus caros amigos, tenho que ir-me embora, pois a minha mulher e os meus filhos me esperam em casa. Posso mudar de emprego, se for necessário, mas não posso mudar de mulher e filhos». E deixou a sala de reuniões. Todos ficaram chocados, mas

---

(102) P. Drucker, *op. cit.*, págs. 390-391.

o meu amigo tinha dado aos colegas uma boa lição sobre a forma de viver as virtudes da prudência e da justiça. *Para os líderes, a vida familiar é uma fonte de força e não um obstáculo.* Janne Haaland Matlary, antiga ministra de Relações Exteriores da Noruega e mãe de quatro filhos, louva as vantagens da maternidade e da paternidade para a liderança: «A maturidade que os pais adquirem simplesmente por estarem envolvidos na vida de seus filhos é um ativo altamente positivo – falando em termos de trabalho e responsabilidade – para um líder que veja as coisas com certa perspectiva. Poucas vezes os executivos jovens e agressivos, obcecados pela obtenção de lucros, constituem o capital humano de que uma empresa realmente necessita a longo prazo. Para dirigir, é preciso saber inspirar confiança e ter a experiência de um autêntico respeito mútuo»[103].

A extraordinária carreira de Corazón Aquino é um bom exemplo disso. Durante a campanha eleitoral em que se opôs a Ferdinand Marcos, o velho ditador acusou-a de não estar preparada para governar, porque era mãe de família. Mas foi essa mãe de família que ganhou as eleições, enviou Marcos para o exílio e transformou as Filipinas de cima a baixo.

Os líderes praticam a virtude da cidadania. A sua presença faz-se sentir na comunidade política, social e cultural. Nem todos os líderes têm uma vocação política, mas, enquanto cidadãos e pessoas de peso na sociedade, não

---

(103) J. Haaland Matlary, «Motherhood and Leadership: Professional Life on Women's Terms», Palestra no European Center for Leadership Development, Helsinque, 9 de novembro de 2001.

podem permanecer indiferentes às tendências políticas da sua época, sobretudo quando estão cheias de consequências morais importantes.

Os líderes prestam culto ao Criador. Como praticam a humildade, sabem que a vida é um dom de Deus e que a indiferença religiosa é uma grave injustiça. Se Deus quis que eu existisse, a justiça exige que O ame de todo o meu coração, com toda a minha inteligência e com toda a minha alma. Adorar a Deus é, sobretudo, falar com Ele, como um filho fala com seu pai. É também obedecer aos seus mandamentos e praticar as virtudes que estes prescrevem.

O líder que pratica sinceramente a sua fé cria um clima de confiança. Uma pessoa assim sente-se responsável diante de Deus pela sua liderança e não somente diante de um conselho de administração, um parlamento ou a manipulável opinião pública. Como disse certa vez G. K. Chesterton: «Se eu não cresse em Deus, mesmo assim continuaria a desejar que o meu médico, o meu advogado e o meu banqueiro cressem nEle». E também quereria que o meu chefe cresse.

A justiça é inseparável da humildade. A humildade é necessária para que cada qual cumpra fielmente as suas responsabilidades profissionais, sociais, familiares e religiosas. O homem orgulhoso não está consciente do que deve aos outros; só está consciente do que os outros lhe devem. O homem humilde, pelo contrário, reconhece as suas responsabilidades perante Deus e perante os homens. Vive para servir.

A justiça é inseparável da magnanimidade. Para cumprirmos os deveres diários com perfeição, é necessário que enxerguemos *a grandeza da vida ordinária*. É necessário convencermo-nos de que, se não descobrirmos a grandeza que se encerra na realidade cotidiana, não a encontraremos nunca.

Justiça e verdade

A justiça está intimamente ligada à virtude da sinceridade. Os líderes falam a verdade. A verdade é a conformidade entre o que as coisas são e o que nós dizemos a respeito delas. Precisamos de humildade para compreender que nós não somos a medida de todas as coisas. Precisamos de humildade para reconhecer a realidade que existe fora de nós e para compreender que as leis da natureza, tanto físicas como morais, são leis objetivas.

Para sermos sinceros, temos de ser fortes: afirmar com valentia a verdade moral, por mais politicamente incorreta que seja ou por mais que possa provocar reações violentas.

Os líderes desejam a paz, mas não a paz *a qualquer preço*. Uma paz fundada na mentira não se pode chamar paz. Um dos exemplos mais famosos de paz *a qualquer preço* é o Tratado de Munique, de 1938, pelo qual a França e a Grã-Bretanha aceitaram as pretensões de Adolf Hitler sobre os Sudetos, essa parte da antiga Checoslováquia onde vivia uma significativa população de língua alemã. O primeiro-ministro britânico Neville Chamberlain e o

PARTE II - SABEDORIA PRÁTICA E VONTADE FIRME   145

seu homólogo francês, Edouard Daladier, assinaram o famoso documento. Quando regressaram às suas respectivas capitais, tiveram uma recepção triunfal, enquanto proclamavam ter conseguido «a paz do nosso tempo». Chamberlain e Daladier sabiam perfeitamente que o acordo de Munique era uma mentira. Enquanto a população o aclamava em Paris, Daladier disse a um ajudante: «Pobres imbecis! Se soubessem...» Daladier era um covarde, e sabia o preço da sua covardia: dois anos mais tarde, a *Wehrmacht* desfilava pelos Campos Elíseos. Ele próprio foi preso e acabou por ser deportado para o campo de concentração de Buchenwald.

Em contraste com a atitude de Chamberlain e Daladier, o Papa Pio XI e o seu sucessor, Pio XII, nunca ocultaram a verdade sobre Hitler e a natureza do seu regime. Em 1937, Pio XI condenou de modo muito claro o nazismo na sua encíclica *Mit brennender Sorge* («Com ardente preocupação»), escrita em alemão. Para grande aborrecimento de Adolf Hitler, a carta foi lida em público em todas as paróquias católicas da Alemanha.

Entre 1941 e 1942, vários editoriais do *New York Times* elogiaram a valentia moral de Pio XII e louvaram essa «voz solitária que clama no silêncio de um continente» contra «a violenta ocupação de territórios, o exílio e a perseguição de seres humanos, exclusivamente por motivo de raça».

Albert Einstein prestou homenagem a Pio XI nos começos de 1940 ao afirmar que na Alemanha «a Igreja Católica foi a única que se opôs frontalmente à campanha iniciada por Hitler para eliminar a verdade». Depois da guerra, muitas organizações judaicas manifestaram em diversas ocasiões o seu agradecimento ao Papa. O grande rabino de Roma, Israel Zolli, converteu-se ao catolicismo e escolheu como nome de batismo «Eugênio», o nome do Papa Pio XII. Afirmou que o testemunho do Pontífice romano, testemunho de fraternidade religiosa, foi o fator principal da sua conversão. Em 1958, Golda Meir, ministra das Relações Exteriores do Estado de Israel, elogiou Pio XII nestes termos: «Quando na década do terror nazista se abateu sobre a nossa gente o tremendo martírio, a voz do Papa elevou-se em defesa das vítimas. O nosso tempo viu-se enriquecido por uma voz que falou abertamente sobre as grandes verdades morais, por cima do tumulto do conflito diário»[104].

A valente oposição do papado às ideologias que esmagam a dignidade da pessoa humana é, indubitavelmente, a causa do seu grande prestígio atual. A encíclica *Rerum novarum* (1891), de Leão XIII, lembra tanto ao capitalismo liberal como ao socialismo coletivista que a economia existe para servir o homem e não para que o homem sirva a economia. A encíclica de João Paulo II *Evangelium Vitae* (1995) adverte o Ocidente contra a sua cultura da morte, que constitui uma grave ofensa ao Criador e uma ameaça para a sobrevivência da humanidade.

Foram encíclicas que suscitaram em muitos ambien-

---

(104) Cf. Rabbi David G. Dalin, *The Myth of Hitler's Pope: How Pope Pius XII Rescued Jews from the Nazis*, Regnery Publishing, Washington, D.C., 2005.

PARTE II - SABEDORIA PRÁTICA E VONTADE FIRME   147

tes uma confiança total no Papado. Muitos começaram a perceber que há em algum lugar do mundo uma voz profunda e valente, independente dos poderes financeiros e das correntes intelectuais, que proclama a verdade sobre o homem e assume com valentia a defesa dos que veem os seus direitos naturais calcados por ideologias totalitárias, sejam estas ditatoriais ou democráticas.

Os líderes praticam a sinceridade e a simplicidade. Ser sincero é dizer o que se pensa, o que se sente, o que se deseja; ser simples é evitar todo o tipo de afetação, de pedantismo e de jactância. A sinceridade manifesta-se sobretudo nas palavras, e a simplicidade, nas ações. Sinceridade e simplicidade são inseparáveis da verdade.

Ser simples é rejeitar qualquer dicotomia entre o que somos e a imagem que queremos dar de nós mesmos ao mundo. Ronald Reagan, o ator de Hollywood, continuou a ser o que sempre havia sido, o filho de uma pequena cidade americana, mesmo enquanto ocupou o cargo de presidente dos Estados Unidos. Como foi veraz, continuou a ser muito *natural*. Os políticos, mais preocupados em conservar o seu poder do que em servir a verdade e o bem comum, tendem a «representar um papel» e a «fazer teatro», coisa que Reagan nunca fez.

Justiça e caridade

Os líderes respeitam a dignidade dos que os rodeiam quando respeitam o direito que têm de conhecer a verdade, de ser tratados com confiança e justiça, de ser recompensados e de se verem reconhecidos pelo trabalho bem feito. Desse modo, dão a cada um o que é seu. A bem dizer, fazem muito mais do que isso: como vivem a humildade e compreendem que a vida é um dom de Deus, os líderes *dão* mesmo quando não têm obrigação estrita de fazê-lo.

Estritamente falando, não «devemos» aos outros a gentileza, a amabilidade e o amor; e os outros não têm o «direito» de exigir que pratiquemos com eles essas virtudes. No entanto, quanto mais profundo e veraz é nosso conhecimento do homem, tanto mais entendemos o que significa tratá-lo com justiça: «Precisamente porque o homem é um ser pessoal – afirma João Paulo II –, não se podem cumprir as obrigações para com ele [dar-lhe o que é seu] senão amando-o»[105]. A questão não é a justiça *ou* o amor, mas sim a justiça *e* o amor.

A justiça exige que eu trate o meu vizinho não como um «estranho», mas como «outro». O amor exige que o trate como «outro eu». Esta atitude exige importantes qualidades de liderança: a empatia, o bom humor e alegria, a amizade e a misericórdia.

A *empatia* é a capacidade de colocar-se no lugar do outro, de entender os sentimentos e os desejos do outro. Praticar a empatia é tratar cada pessoa como um indivíduo único, respeitar-lhe o temperamento e a maneira de ser, esforçar-se por compreender o ambiente cultural, social ou familiar em que se formou.

---

(105) João Paulo II, *Memória e identidade*, Bertrand, 2005.

PARTE II - SABEDORIA PRÁTICA E VONTADE FIRME   149

O *bom humor e a alegria* são outras virtudes importantes do líder. O bom humor é resultado da nossa determinação em servir os outros. O meio mais seguro de ser infeliz é aferrar-se ao próprio ego; o meio mais seguro de ser feliz é esquecer-se de si mesmo e servir os outros.

«Alegria – afirma Escrivá – não é alvoroço de guizos ou de baile popular. A verdadeira alegria é algo mais íntimo: algo que nos faz estar serenos, transbordantes de júbilo, ainda que às vezes o rosto permaneça severo»[106].

A *amizade* está em crise no mundo moderno. São muitos os que a temem, porque temem os deveres que traz consigo. Rejeitam qualquer tipo de vínculo, mesmo os mais nobres. Não cultivam a amizade, mas apenas *relações* e *contactos*. Sorriem e brincam, mas não demonstram nenhum interesse real pelas pessoas. Os líderes, pelo contrário, são propensos a fazer amigos, porque os move o desejo de servir. Amizade, com efeito, é sinônimo de serviço.

Thomas More foi um exemplo claro de alegria e amizade, duas virtudes inseparáveis. Eis o retrato que Erasmo faz do amigo:

«O seu rosto está em harmonia com o seu caráter, é amável e alegre, sem cair na palhaçada [...]. Parece nascido para a amizade, é o amigo mais fiel e mais constante [...]. Quando se encontra com alguém sincero, em sintonia com o seu coração, compraz-se na sua companhia e na sua conversação, como se essas coisas fossem para ele o

---

(106) Josemaria Escrivá, *Forja*, Quadrante, São Paulo, 4ª ed., 2016, n. 520.

principal encanto da vida [...]. Numa palavra, caso você esteja à procura de um modelo de amizade, não encontrará ninguém melhor do que More»[107].

Por fim, os líderes praticam a misericórdia. Perdoam facilmente. Não justificam o mal, antes se esforçam por levar o autor do mal a uma conversão real e profunda. Cristo não julgou a mulher adúltera; em vez disso, mostrou-lhe o caminho que devia seguir no futuro: *Vai e não peques mais*[108].

Praticar a misericórdia é uma coisa, mas tolerar um comportamento que constitua um atentado grave ao bem comum é outra coisa bem diferente. Um empresário deve despedir um empregado que prejudique a empresa com a sua conduta e não queira corrigir-se. Um líder que, sob pretexto de misericórdia, não queira agir assim comporta-se de modo injusto com os que terão de sofrer as consequências da sua decisão, ou melhor, da sua indecisão.

Os líderes, como mencionamos anteriormente, dirigem mediante a *autoritas*, a autoridade que emana do caráter. Não hesitam, no entanto, em recorrer à *potestas*, ao poder inerente a seu cargo, quando se torna necessário. Se não souberem disciplinar os seus subordinados, perderão a sua autoridade.

«A justiça e a misericórdia estão tão unidas entre si – afirma Tomás de Aquino – que uma não pode funcionar

---

(107) Erasmo, *Carta a Ulrich von Hutten*, 23 de julho de 1519.
(108) Jo 8, 11.

PARTE II - SABEDORIA PRÁTICA E VONTADE FIRME 151

sem a outra. A justiça sem misericórdia é crueldade, a misericórdia sem justiça é a mãe da dissolução»[109].

A empatia, a alegria e bom humor, a amizade e a misericórdia são virtudes de *comunhão*. Dão lugar à *comunicação*, porque facilitam a entrada no coração dos outros. A justiça estrita, a justiça sem amor é, enquanto tal, um sério obstáculo à comunicação.

Enquanto a prudência sublinha a *reta razão* que deve presidir à liderança, a justiça põe ênfase na *boa vontade* que se manifesta não em simples desejos ou intenções, mas na constante determinação de dar a cada um o que é seu.

---

(109) Tomás de Aquino, *Comentário ao Evangelho de São Mateus*.

PARTE III
Não se nasce líder, chega-se a líder

Na primeira parte, definimos a magnanimidade e a humildade, os pilares da liderança; na segunda parte, consideramos as virtudes cardeais da prudência, da fortaleza, do autodomínio e da justiça, que constituem o fundamento da liderança. A esta altura, o leitor deverá estar-se perguntando: «Como é que posso adquirir e desenvolver estas virtudes?»

Na próxima secção vamos responder a essa pergunta, depois de dizer umas palavras sobre a aretologia, a ciência da virtude.

1. Aretologia: a ciência da virtude

> *O sistema aristotélico das virtudes baseia-se numa autêntica antropologia [...]. Este sistema, do qual depende a autorrealização da liberdade humana, pode na verdade ser qualificado como exaustivo. Não é um sistema abstrato ou apriorístico.*
>
> João Paulo II

A aretologia é a ciência da virtude. Foi fundada pelos filósofos gregos e enriquecida pelo encontro com o pensamento judaico-cristão. O seu nome provém da palavra grega *areté*, que significa virtude.

A aretologia compreende dois tipos de virtudes: as virtudes intelectuais, relativas ao conhecimento, e as virtudes éticas, relativas ao comportamento. As virtudes intelectuais ajudam-nos a captar a realidade, enquanto as virtudes éticas nos ajudam a agir conforme os princípios da natureza humana. A prudência possui essas duas qualidades: é, simultaneamente, uma virtude intelectual, porque envolve conhecimento, e uma virtude ética, pois esse conhecimento está orientado para a decisão e a ação.

As virtudes éticas também são chamadas virtudes humanas ou virtudes naturais, para distingui-las das virtudes divinas ou sobrenaturais, que são objeto da teologia moral cristã. Para Platão, as principais virtudes humanas são a prudência, a justiça, a fortaleza e o autodomínio. Ambrósio de Milão (século IV d. C.) dá-lhes o nome de virtudes cardeais, porque são os cardos, os «gonzos» sobre os quais se apoiam as restantes virtudes.

Os filósofos gregos, em particular Platão e Aristóteles, escreveram muito sobre as virtudes, assim como os judeus e os romanos (dentre estes, Cícero e Sêneca são os mais conhecidos), bem como os escritores cristãos, especialmente Agostinho e Tomás de Aquino.

Na época moderna, um grande número de autores dedicou uma contínua atenção a esta matéria. Dentre os mais influentes, devemos citar o filósofo Joseph Pieper (Alemanha, 1902-1997), o sacerdote e fundador do Opus Dei, Josemaria Escrivá (Espanha/Itália, 1902-1975), o guru da gestão de negócios Peter Drucker (Áustria/EUA, 1909-2005) e o célebre defensor da liderança baseada em princípios, Stephen R. Covey (EUA, 1932-).

Josef Pieper constrói sobre os fundamentos lançados por Aristóteles e Platão, Agostinho e Tomás de Aquino. A força de Pieper reside na sua capacidade de penetrar na terminologia clássica e expressá-la numa linguagem moderna, com uma límpida clareza e uma precisão surpreendente.

Josemaria Escrivá aborda as virtudes humanas do ponto de vista prático, como experimentado pastor de almas. Considera que as virtudes são essenciais para a santificação do trabalho profissional, provavelmente o tema mais importante da sua pregação e dos seus escritos em seus cinquenta anos de sacerdócio.

Peter Drucker é, por excelência, o profeta da gestão. Todos os seus ensinamentos (publicados em trinta e um

PARTE III - NÃO SE NASCE LÍDER, CHEGA-SE A LÍDER   157

livros) estão impregnados de considerações aretológicas. Drucker afirmou certa vez: «Todos os que escreveram sobre mim descreveram-me como um autor de gestão e administração empresarial, coisa que eu não sou»[110]. Efetivamente, Drucker foi, sobretudo, um promotor da aretologia.

Stephen Covey descreve as virtudes de um ponto de vista essencialmente psicológico. A sua força está na sua capacidade de mostrar de forma particularmente atraente, mediante episódios bem escolhidos, a relação entre a virtude e a eficácia pessoal.

---

(110) *Carta de P. Drucker a G. Stein*, 1998. Cf. *Peter Drucker*, Mercatornet, sexta-feira, 18 de novembro de 2005.

2. Somos o que fazemos habitualmente

A virtude é o resultado de um hábito.

Aristóteles

Uma virtude é um hábito. Como qualquer hábito, adquire-se por repetição. Se nos comportarmos com fortaleza, não apenas uma vez, mas várias, criaremos as condições para agir com fortaleza no futuro. Se agirmos frequentemente com humildade, bem cedo será esse o nosso modo habitual de nos comportarmos.

Às vezes, a necessidade da repetição pode não ser necessária: há pessoas que, imersas em circunstâncias extraordinárias que exigem decisões heroicas, podem desenvolver a virtude num lapso de tempo relativamente curto. Karol Wojtyla, o futuro Papa João Paulo II, forjou o seu caráter durante a ocupação da Polônia pelos nazistas; os jovens universitários que se tornaram os primeiros seguidores de Escrivá adquiriram uma maturidade notável durante os anos da Guerra Civil espanhola e passaram a ser os pilares que depois sustentaram o crescimento do Opus Dei nos cinco continentes.

Quanto mais pratiquemos a virtude, tanto mais ela se converterá num elemento estável do nosso caráter. Não se perde um hábito do dia para a noite. Um ato de covardia não nos torna covardes. «Para ser mau, não basta querer sê-lo!», diz Violaine a Pierre de Craon, personagens de Paul Claudel em *O anúncio feito a Maria*.

A virtude estabiliza o nosso comportamento. A pessoa torna-se menos suscetível às influências externas e ad-

PARTE III - NÃO SE NASCE LÍDER, CHEGA-SE A LÍDER 159

quire um maior controle sobre a sua própria vida. Atua habitualmente com fortaleza e não só em situações extraordinárias. Pratica a virtude sempre e em tudo: «Essa desigualdade do teu caráter! – Tens as teclas estragadas: dás muito bem as notas altas e as baixas..., mas não soam as do meio, as da vida corrente, aquelas que habitualmente os outros escutam»[111]. A vida ordinária – é aí que se devem praticar habitualmente as virtudes.

Como a virtude é um hábito, devemos considerar a vida dos homens célebres na sua totalidade, antes de decidir quem devemos tomar como exemplo. É importante estudar as ações heroicas, mas é ainda mais importante estudar os comportamentos virtuosos mantidos durante toda a vida. Muita gente realizou algumas ações heroicas na sua vida, mas algumas ações heroicas não produzem a virtude.

A liderança: uma questão de caráter, não de temperamento

Uma vez que os líderes devem ser virtuosos para serem verdadeiros líderes, e uma vez que a virtude é um hábito adquirido pela prática, podemos afirmar: «Não se nasce líder, chega-se a líder».

A liderança é uma questão de caráter, não de temperamento. O caráter forma-se mediante o treino, ao passo

---

(111) Josemaria Escrivá, *Sulco*, n. 440.

que o temperamento é inato. O temperamento pode favorecer o desenvolvimento de certas virtudes e dificultar o de outras. Se eu tenho um temperamento apaixonado, para mim será relativamente fácil praticar atos de audácia; se sou tímido, a audácia significará para mim um verdadeiro desafio. Mas, se luto por dominar os meus defeitos de temperamento, estes defeitos converter-se-ão na minha força moral, em ocasião para fortalecer as minhas virtudes.

As virtudes imprimem a marca do caráter no nosso temperamento, fazendo com que este deixe de nos dominar. A falta de virtude torna-nos escravos do nosso temperamento. Escrivá explica este triste fenômeno da seguinte maneira: «Não digas: "Eu sou assim..., são coisas do meu caráter". São coisas da tua *falta* de caráter»[112].

Assuma o controle da sua vida. Se você é irascível, exercite-se no autodomínio; se é libidinoso, exercite-se na pureza. Não seja escravo dos seus defeitos.

As virtudes *moderam* o temperamento. Uma pessoa impulsiva guiada pela virtude da prudência torna-se mais reflexiva. A pessoa temerosa e hesitante, guiada pela mesma virtude, passa à ação com mais facilidade. As virtudes estabilizam a nossa personalidade, eliminando os extremos destoantes.

O temperamento não é um obstáculo à liderança. O verdadeiro obstáculo é a falta de caráter, que não é senão falta de energia moral e falta de liberdade.

---

(112) Josemaria Escrivá, *Caminho*, n. 4.

O desafio da liberdade

Somos nós que decidimos livremente que tipo de homem ou de mulher queremos ser. A infância e a adolescência têm um grande peso sobre as nossas decisões posteriores. Os nossos pais ajudam-nos, em princípio, a distinguir entre o bem e o mal e a escolher o bem. No entanto, a educação não *determina* o caráter. Com certa frequência, crianças educadas na mesma família acabam por usar da sua liberdade de formas diferentes e tornam-se pessoas totalmente distintas umas das outras.

A liberdade é uma característica fundamental da nossa existência. Graças à liberdade, podemos desenvolver virtudes e transformar o nosso caráter, independentemente da nossa idade. Com frequência, pessoas que já passaram dos cinquenta ou sessenta anos decidem adquirir o que deixaram escapar na sua infância, e conseguem-no!

Do mesmo modo que o temperamento, o ambiente cultural em que vivemos pode facilitar ou dificultar o desenvolvimento de certas virtudes. Numa sociedade em que se considere o prazer sensual como um valor fundamental, é difícil cultivar as virtudes do autodomínio ou da fortaleza. Numa sociedade que tenda a produzir «diplomatas» (pessoas pouco dispostas a dizer o que realmente pensam), é difícil praticar a virtude da sinceridade. Numa sociedade em que as pessoas tenham o costume de basear os seus juízos exclusivamente em dados empíricos, é difícil praticar a virtude da prudência.

No contexto cultural atual, é difícil praticar a virtude,

mas não é impossível. A capacidade de dizer «não» dá-nos um grande poder: dá-nos a liberdade de decidir sem que a cultura dominante nos influencie. O ambiente não é um fator determinante do destino humano. O caráter tem uma importância decisiva.

Em 1920, três irmãs, Natacha, Xênia e Nina Anossova, deixaram a União Soviética seguindo o exemplo de seus pais, que tinham partido para o exílio[113]. Após uma breve estada em Constantinopla e depois de viverem um ano em Marselha, instalaram-se finalmente na Paris dos «loucos anos vinte». Embora as três irmãs tivessem recebido a mesma educação em São Petersburgo, cada uma reagiu de forma diferente ao ambiente dominante na Cidade das Luzes.

Natacha escolheu o hedonismo: casou-se sucessivamente com endinheirados homens de negócios, desfrutando do considerável conforto material que Paris lhe podia oferecer.

Xênia optou por ir «andando». Mas foi-lhe diagnosticado um câncer e deixou esta terra ao cabo de dez anos.

Nina abraçou a vida tal como se lhe apresentava. Conheceu um jovem emigrante russo que tinha perdido os pais durante a guerra civil, depois de os bolchevistas terem tomado o poder. Tinha-se refugiado na França e não possuía outros bens além de um coração vigoroso e o desejo de ir para a frente. O seu nome era Pavel

---

(113) Cf. N. Anossov, *Adieu Russie: Souvenirs*, Librairie des Cinq Continents, Paris, 1978.

Dianine-Havard. Pavel e Nina foram os meus avós paternos.

Casaram-se em 1926 e, embora a sua vida em comum tivesse sido muito frutuosa, poderia ter sido outra coisa. Nina poderia ter abraçado o hedonismo de Natacha ou, como Xênia, optado por ir «andando». No entanto, *escolheu a vida*, servindo com magnanimidade a sua família e os seus amigos, Deus e o seu país, até aos 96 anos de idade.

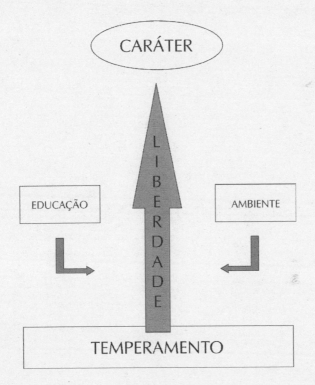

Embora as três irmãs tivessem chegado à maturidade na mesma capital dos «loucos anos vinte», cada uma fez a sua própria escolha. Não estamos determinados pelo ambiente. Somos livres para decidir em que medida permitiremos que o ambiente influa em nós. Além disso, quando praticamos a virtude, não só nos protegemos dos efeitos perniciosos do ambiente, como o transformamos.

3. A unidade das virtudes

> *As virtudes crescem como os cinco dedos da mão.*
>
> Tomás de Aquino

As virtudes entrelaçam-se. Têm por fonte comum o *bem prático*, ou seja, o *bem espiritual* manifestado nas situações concretas.

A conexão entre as virtudes

Quem se esforça por desenvolver uma virtude desenvolve também as outras. Tomemos como exemplo a virtude do autodomínio: se eu controlar as minhas paixões, ser-me-á mais fácil manter a objetividade na minha tomada de decisões (*prudência*); se me dominar habitualmente, terei a energia necessária para manter o rumo em situações difíceis (*fortaleza*); se o meu coração estiver livre de afetos desordenados, ser-me-á mais fácil dedicar-me a tarefas nobres (*magnanimidade*) e servir os outros (*humildade*).

Pensemos agora na virtude da humildade: se eu for humilde, ser-me-á mais fácil compreender os numerosos talentos que recebi de Deus e, deste modo, praticar a *magnanimidade*; se for humilde, ser-me-á mais fácil renunciar aos meus preconceitos e, assim, praticar a virtude da *prudência*; se for humilde, ser-me-á mais fácil estar atento às minhas responsabilidades perante Deus, perante a minha família e perante a sociedade e, portanto, praticar a virtude da *justiça*.

Particularmente a prudência implica a unidade das virtudes: mostra-nos como poderemos praticar melhor, nas situações concretas, a fortaleza, o autodomínio, a justiça, a humildade e a magnanimidade. «A prudência – escreve Pieper – é causa, raiz, mãe, medida, preceito, guia e protótipo de todas as virtudes éticas»[114]. Guiados pela prudência, poderemos distinguir claramente, na vida cotidiana, a fortaleza da covardia, a magnanimidade da pusilanimidade, a verdadeira humildade da falsa, o autodomínio da intemperança, a justiça da injustiça.

«Pela prudência – diz Escrivá –, o homem é audaz, sem insensatez [...]. A temperança do prudente não é insensibilidade nem misantropia; a sua justiça não é dureza; a sua paciência não é servilismo»[115].

A prudência não é mediocridade, não é um «centro» entre dois extremos; é um cume, um cimo, o ponto culminante da excelência.

Se nos é difícil praticar *simultaneamente* certas virtudes, é porque o nosso temperamento nos puxa mais para um lado que para outro. Os líderes com «temperamento amável» podem sentir dificuldade em praticar a firmeza requerida pela justiça; os líderes com «temperamento

---

(114) J. Pieper, *Prudence*, pág. 20.
(115) Josemaria Escrivá, *Amigos de Deus*, n. 87.

fogoso» podem sentir dificuldade em praticar a doçura exigida pela humildade. No entanto, graças à prudência, os líderes são capazes de determinar a melhor maneira de agir em cada situação.

Se é verdade que cada uma das virtudes pressupõe a prudência, devemos afirmar também que a prudência pressupõe cada uma das outras virtudes. Já citamos Aristóteles a este propósito: «O homem bom julga cada coisa com retidão e capta em cada coisa a verdade». Para ser prudente, para captar em cada coisa a verdade, é necessário que o homem tenha fortaleza, justiça e autodomínio. Todas as virtudes nutrem a prudência e, ao mesmo tempo, se nutrem dela.

Graças à unidade das virtudes, podemos cultivar *facilmente* qualidades em que nunca tínhamos pensado. Se eu for magnânimo, ser-me-á mais fácil praticar a humildade, porque terei essa virtude em potência. Não confundiremos a humildade com a pusilanimidade, porque, como já fizemos notar, a humildade e a pusilanimidade são duas coisas bem diferentes.

A unidade entre as virtudes públicas e privadas

Não existe uma nação virtuosa, uma família virtuosa ou uma organização virtuosa; só existem indivíduos virtuosos. Não obstante, a virtude odeia o individualismo. Ninguém se torna melhor isolando-se. Se eu sou forte, provavelmente é porque vi manifestações de fortaleza nos meus pais, nos meus amigos ou colegas. Além disso, quando atuo com firmeza, estimulo os outros a fazerem o mesmo. A minha melhora pessoal e a dos que me rodeiam estão intimamente ligadas. Por isso, toda a virtude tem uma importante dimensão social.

A distinção que os moralistas fazem às vezes entre virtude pública e virtude privada dá lugar a confusões. Denominam «virtude privada» a virtude que «ordena o homem em si mesmo», tal como a prudência, a fortaleza, o autodomínio; e «virtude pública» a que põe o indivíduo em relação com a sociedade, como, por exemplo, a justiça. A distinção é infeliz, porque a justiça está inextricavelmente unida ao resto das virtudes. Se eu não for prudente, forte e temperante, é pouco provável que seja justo.

Muitos políticos fazem uma paródia da justiça porque

PARTE III - NÃO SE NASCE LÍDER, CHEGA-SE A LÍDER   169

não possuem a virtude da fortaleza. Lembremo-nos de Pôncio Pilatos e da sua ideia de justiça: «Não encontrei neste homem [Jesus de Nazaré] nenhum delito de que o acusais [...]. Por isso, depois de castigá-lo (!), soltá-lo -ei»[116]. Aqui está a temível lógica de um covarde.

Para sermos justos, é necessário que pratiquemos não só a virtude da fortaleza, mas também as virtudes da prudência e do autodomínio. Se eu não posso avaliar com prudência a situação em que me encontro ou se deixo que as paixões me dominem, como poderei chegar a uma decisão justa? O mais provável é que não o consiga. Pensemos no caso de Herodíades, do Novo Testamento[117]. Escrava da luxúria, pede a cabeça de João Batista porque os ensinamentos dele atentavam contra a sua «liberdade sexual».

---

(116) Lc 23, 14-16.
(117) Cf. Mc 6, 14-29.

4. Coração, vontade e inteligência

A virtude é uma capacidade do espírito humano, da vontade humana e também do coração.

João Paulo II

A aretologia é uma ciência antropológica baseada numa visão integral da pessoa humana. Explica o que são as virtudes e procura inculcá-las mediante a formação da inteligência, da vontade e do coração.

As virtudes humanas são fruto do exercício da vontade. No entanto, graças à prudência, que é ao mesmo tempo uma virtude intelectual e ética, estão inseparavelmente unidas à razão: «Só pode fazer o bem aquele que sabe como são as coisas e em que situação se encontram», afirma Pieper[118].

A tradição judaico-cristã proporciona um novo elemento – o coração – à ciência das virtudes: «Quando na Sagrada Escritura se fala do coração – observa Escrivá –, não se alude a um sentimento passageiro que produz emoção ou lágrimas. Fala-se do coração para indicar a pessoa que, como o próprio Jesus Cristo nos manifestou, se orienta toda ela – alma e corpo – para o que considera seu bem: *porque onde está o teu tesouro, aí está o teu coração.* [...] Quando falamos de um coração humano, não nos referimos apenas aos sentimentos, aludimos à pessoa toda que quer [...]. O coração é considerado

---

(118) J. Pieper, *Prudence*, pág. 25.

PARTE III - NÃO SE NASCE LÍDER, CHEGA-SE A LÍDER   171

como o resumo e a fonte, a expressão e o fundo último dos pensamentos, das palavras, das ações. Um homem vale o que valer o seu coração»[119].

Diferentemente da inteligência e da vontade, o coração *não é* um atributo do espírito humano. Abrange a pessoa inteira, a própria pessoa. Não apenas sente, mas também conhece e deseja. Desta forma, a inteligência e a vontade encontram-se no coração.

«A nossa inteligência – afirma Jérôme Lejeune – não é uma máquina abstrata, mas está encarnada; o coração é tão importante quanto a razão ou, mais exatamente, a razão não é nada sem o coração»[120]. O conhecimento lógico e científico não é suficiente para praticar a prudência. «A realidade – afirma Pieper – é um prêmio exclusivo da mais alta forma de conhecimento, que é a visão, a intuição, a contemplação»[121].

Com frequência, a prudência foi qualificada como a *sabedoria do coração*. Com efeito, o amor, que é a mais elevada das nossas paixões, torna a nossa inteligência perspicaz para que possamos servir da melhor forma possível os que amamos.

No início dos anos 90, conheci um diplomata norte-americano que havia trabalhado para Ronald Reagan e que, nesse momento, era diretor do escritório da Rádio Liberdade, em Moscou. O seu amor pelos russos era tão

---

(119) Josemaria Escrivá, *É Cristo que passa*, n. 164.

(120) Cf. C. Lejeune, *op. cit.*, pág. 31.

(121) J. Pieper, *Happiness and Contemplation*, Saint Augustine Press, South Bend, Indiana, 1998, pág. 69.

172   ALEXANDRE HAVARD

forte e sincero que a cada dia fazia brotar na sua inteligência e no seu coração novas ideias sobre o modo de ajudar a Rússia a construir o seu futuro.

Em contraste, um aluno de um dos meus seminários de liderança, um empresário importante, disse-me que, depois de cinco anos na Rússia, ainda não sabia «como trabalhar com essa gente». Era um homem de talento, mas, como não estimava os russos, a sua inteligência era incapaz de fazer nascer no seu espírito ideias positivas sobre «como trabalhar com essa gente».

A inteligência não é um computador e a vontade não é uma turbina. A vontade não se desenvolve apenas pela autodisciplina, mas também, e principalmente, afinando o sentido moral que habita no fundo do nosso ser e que dá impulso à ação virtuosa: *o sentido do bem* estimula a prudência, *o sentido da honra* estimula a fortaleza, *o sentido da vergonha* estimula o autodomínio, *o sentido da compaixão* estimula a justiça, *o sentido da beleza* estimula a magnanimidade, *o sentido de Deus* e o *sentido do homem* estimulam a humildade.

Para praticar a virtude, é necessário empenhar a vontade, mas também enobrecer o coração. É necessário deixar que os valores penetrem no mais profundo do nosso ser. Como observou o filósofo alemão Dietrich von Hildebrand, «a nobreza inerente ao bem, a sua beleza intrínseca, toca o coração do homem humilde e enfeitiça-o»[122].

---

(122) D. von Hildebrand, *Transformation in Christ*, Ignatius Press, Fort Collins, Colorado, 2001, pág. 155.

PARTE III - NÃO SE NASCE LÍDER, CHEGA-SE A LÍDER   173

Os líderes contemplam habitualmente o que é bom, nobre e corajoso na vida dos heróis, porque a contemplação da beleza, como diz Platão, permite à alma elevar-se como que impelida por asas[123].

«Quando um raio de beleza, bondade ou santidade *fere* o nosso coração – escreve Hildebrand –, quando nos abandonamos à contemplação tranquila de um valor verdadeiro [...], esse valor pode penetrar-nos totalmente e elevar-nos acima de nós mesmos»[124].

Todos nós pudemos conhecer pessoas que, ao entrarem em contacto com a bondade, com a beleza ou a santidade, sentiram a necessidade de dar a esses valores uma resposta radical, uma resposta que acabou por trazer para a sua vida uma mudança total de perspectiva, uma espécie de conversão.

Ivan Lupandin, um físico russo que depois se tornou professor de filosofia, disse-me certa vez que, depois de ler *Um dia na vida de Ivan Denisovich*, a obra de Alexander Solzhenitsyn que conta o trabalho diário de um simples camponês aprisionado num Gulag soviético, ficou *ferido* pela bondade do herói e pela visão moral do autor do livro. Foi tão poderoso o efeito que lhe produziu o relato de Solzhenitsyn que se sentiu moralmente obrigado a escolher, de uma vez por todas, entre o bem e o mal. Ainda hoje se lembra perfeitamente do dia em que a sua vida mudou e abraçou o bem: 26 de junho de 1975.

---

(123) Cf. Platão, *Fedro*, 294d.
(124) D. von Hildebrand, *op. cit.*, pág. 231.

O padre Guy Barbier, figura eminente da Igreja Católica na Finlândia e na Estônia, também foi *ferido* pela bondade. Tinha 20 anos quando os nazistas o prenderam na França e o enviaram a Leipzig, para trabalhar numa fábrica de munições. Através de canais clandestinos, pôs-se em contacto com a resistência francesa, mas a Gestapo interceptou as suas comunicações e prendeu-o. Torturaram-no e enviaram-no a uma série de prisões e campos de concentração, como Dachau e Buchenwald, durante um período de seis meses. Finalmente, caiu gravemente doente num campo de concentração checoslovaco. A sua agonia foi tão grave que estava convencido de que não lhe restavam mais que alguns dias de vida. Foi então que dois jovens soldados russos, prisioneiros de guerra, decidiram cuidar dele, com risco de suas próprias vidas. Barbier nunca se esqueceu daqueles dois jovens: foi pelo sacrifício deles, pelo bondade com que o trataram, que descobriu a sua vocação para o sacerdócio.

Para alcançar essa bondade, é necessário robustecer a vontade, de modo a transformar os sentimentos nobres em ações, e não ter medo das paixões humanas.

Falar do coração não é só falar de valores e de sentido moral, mas também das paixões, elementos naturais da psicologia humana. As paixões são essenciais na busca da excelência pessoal: as pessoas que sofrem transtornos emocionais graves ou que têm uma aversão puritana às paixões estão extremamente limitadas na luta pela perfeição moral.

Mas as paixões humanas só contribuem para o de-

PARTE III - NÃO SE NASCE LÍDER, CHEGA-SE A LÍDER   175

senvolvimento das virtudes quando dirigidas pela inteligência e pela vontade. Por intermédio da *inteligência*, os líderes distinguem entre as paixões que contribuem para o enriquecimento da sua personalidade e aquelas que são exclusivamente destrutivas; por intermédio da *vontade*, estimulam e fortalecem as paixões nobres, que os movem a agir em todos os seus atos.

Só as paixões dirigidas pela inteligência e pela vontade são paixões da pessoa inteira. Essas paixões convertem-se em impulsos do coração, maduros e estáveis, e contribuem para o desenvolvimento pessoal. A *emoção* do amor, por exemplo, torna-se madura e estável quando origina uma *decisão* livre de amar, uma decisão de sacrificar-se livremente pela pessoa amada.

O amor não é sentimentalismo. A pessoa que ama sacrifica-se sem procurar o interesse próprio; mas a pessoa sentimental só esta disposta a «servir» com a condição de receber uma recompensa emocional.

O empresário sentimental dá com frequência aos seus empregados coisas que estes não lhe pedem e deixa de lhes dar aquilo de que realmente necessitam. Organizará «festas» para os membros da sua equipe para lhes mostrar a sua generosidade, mas não os corrigirá nunca para não *passar um mau bocado*. Não suporta sequer a ideia de que possa haver uma tensão ou um confronto. O chefe sentimental é um covarde incapaz de servir e incapaz de ajudar os seus subordinados a melhorar pessoal e profissionalmente.

A razão, a vontade e o coração são elementos intimamente unidos da personalidade. Não se pode isolar nenhum deles sem causar um dano imenso aos outros três. Os racionalistas isolam e põem a razão acima de qualquer outra coisa; os voluntaristas, a vontade; e os sentimentais, o coração. Ao agirem assim, corrompem a razão, a vontade e o coração, e tornam as suas vítimas pessoalmente infelizes, profissionalmente ineficazes e socialmente incompetentes. É preciso insistir sobre a unidade antropológica das virtudes, sobre a unidade da razão, da vontade e do coração.

A razão, a vontade e o coração permitem-nos fazer as três coisas necessárias para desenvolver a virtude: 1) *contemplar* a virtude a fim de entender a sua beleza intrínseca e desejá-la ardentemente (função do coração); 2) *agir* virtuosamente de forma habitual (função da vontade); e 3) *praticar* todas as virtudes simultaneamente, prestando especial atenção à prudência (função da razão).

Parte IV
Liderança e realização pessoal

Na terceira parte, vimos de que modo os líderes crescem em virtude. Convém agora avaliar os *resultados* deste progresso espiritual: a maturidade humana e a realização pessoal.

Os líderes não procuram a virtude para serem «eficazes». Procuram a virtude para se realizarem plenamente como seres humanos e como pessoas. Não têm por objetivo do crescimento espiritual a eficácia profissional; esta é simplesmente um dos seus múltiplos resultados.

Nesse contexto descobriremos as limitações da *ética baseada em regras* e a grandeza da *ética da virtude*.

1. O perfil moral do líder

> *A maturidade é o coração da liderança pessoal: só uma pessoa madura é capaz de se dirigir para um destino livremente escolhido, concebido como sua missão pessoal.*
>
> P. Cardona e P. García Lombardia

Pela prática das virtudes, chegamos a possuir a maturidade em todos os seus aspectos: nos juízos, nas emoções, no comportamento.

Temos *maturidade de juízo* quando ganhamos consciência dos nossos pontos fortes e dos nossos pontos fracos, da nossa missão e das nossas obrigações, e quando não fazemos caso dos slogans e das tendências da moda.

Temos *maturidade emocional* quando somos capazes de dominar os nossos instintos naturais e canalizar a sua energia para a execução da nossa missão.

Temos *maturidade de comportamento* quando os nossos pensamentos, juízos e sentimentos se refletem fielmente nas nossas ações, quando não é necessário que nos «interpretem» e é patente que não levamos uma dupla vida.

Os sinais da maturidade são a confiança em si mesmo e a coerência, a estabilidade psicológica, a alegria e o otimismo, a naturalidade, o sentido de liberdade e de responsabilidade, a paz interior.

Os líderes têm confiança em si mesmos. Esta confiança não é fruto do orgulho, mas do conhecimento próprio. Os líderes são coerentes, o que não quer dizer que sejam inflexíveis: nos assuntos relativos à sua missão, sabem quando é necessário ceder e quando não.

O imaturo, porém, carece de confiança em si mesmo, porque não se conhece. É incapaz de chegar a um juízo objetivo sobre si mesmo. O seu orgulho é infantil e a sua humildade falsa. Compromete-se com demasiada facilidade e tende a exigir o impossível. Está sempre inclinado a discutir e também a ceder aos seus caprichos mais banais. Não sabe distinguir o que é importante e o que não o é. Em face da novidade, a sua reação é sempre superficial ou emocional. Evita os compromissos efetivos e foge das responsabilidades. O imaturo tem medo de si mesmo e não chega a encontrar o seu lugar na sociedade.

Com frequência, a imaturidade leva ao *ceticismo*. São muitos os que na sua juventude alimentaram ambições nobres de liderança pessoal, sonharam em ser fortes e valorosos e em servir a toda a humanidade. No entanto, como os seus valores não produziram virtude, não conseguiram vencer a sua fraqueza pessoal. Renunciaram rapidamente aos seus sonhos, tornaram-se céticos em relação à natureza humana e refugiaram-se nas comodidades materiais e na indiferença espiritual.

Já uma pessoa madura sabe que, por meio da virtude, pode dominar as suas fraquezas e transformar os seus sonhos em realidade. Sabe que a maturidade não vem de repente, mas passo a passo. Leva em conta as limitações próprias da natureza humana. É otimista, positiva e paciente com ela mesma e com os outros.

A imaturidade conduz, às vezes, ao *cinismo*. É frequente que as pessoas incapazes de alcançar os seus objetivos morais cheguem, antes ou depois, à conclusão de que o egoísmo não é um vício, mas sim uma virtude.

Os líderes não são céticos nem cínicos, são realistas. O realismo é a capacidade de alimentar aspirações nobres na alma, embora a pessoa se veja assaltada pelas suas fraquezas pessoais. Ser realista envolve não ceder à fraqueza, mas dominá-la mediante a prática das virtudes. O rei Davi, líder do povo judeu, é um bom exemplo de homem que não se deixa vencer pela fraqueza pessoal. Tinha cometido adultério e assassinato. No entanto, graças às suas virtudes, converteu-se, lutou por melhorar e chegou a ser um magnífico líder.

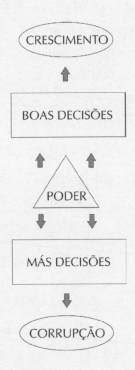

Aos cínicos e aos céticos não se deve nunca dar poder sobre os outros. Acabar-se-ia por minar o moral do exército e por comprometer a missão da organização.

Deve-se manter o imaturo o mais longe possível das molas do poder. Não só para evitar a ruína do bem comum, mas também para proteger o imaturo de si mesmo. O imaturo, efetivamente, raciocina assim: «Eu não sou o que *faço*; eu *sou* outro». Numerosos políticos e empresários caem nesta armadilha. Não percebem o efeito destruidor que têm as suas decisões e as suas ações sobre o seu próprio «eu». Não percebem como se enganam a si mesmos quando separam na sua vida o *ser* e o *agir*.

É conhecida a célebre sentença de Lord Acton: «O poder corrompe, o poder absoluto corrompe absolutamente». Mas quando as pessoas são virtuosas, o poder ajuda -as a crescer. O poder não corrompeu Thomas More. Ao contrário, foi no exercício do poder que ele se converteu em *São Thomas More.*

2. Virtude e realização pessoal

A virtude é o «ultimum potentiae», o máximo que o homem pode ser por si mesmo.

Tomás de Aquino

A virtude habilita o homem a desenvolver de forma adequada a sua própria natureza. Mediante a virtude, o homem «é mais» e pode chegar a ser o seu verdadeiro «eu». Assim o disse, já há dois mil e quinhentos anos, o poeta Píndaro, com estas célebres palavras: «Chega a ser quem és»[125].

A experiência demonstra que as pessoas que procuram a todo o custo «realizar-se», mas têm pouco interesse pela virtude, tornam-se inconscientemente escravas da moda e dos estilos de vida dominantes. Só podemos realizar-nos pela prática da virtude. Tudo o que nos separa da virtude afasta-nos de nós mesmos.

A prática da virtude produz alegria. O imaturo não conhece esta alegria. Não pode sequer imaginá-la, porque a virtude é para ele uma terra desconhecida.

A alegria que é fruto da virtude não é a suficiência hipócrita do fariseu[126]. Os líderes não procuram na virtude uma garantia de superioridade moral. Interessa-lhes a virtude pela própria virtude. Interessa-lhes o bem pelo próprio bem.

Os líderes enchem-se de alegria não só quando prati-

---

(125) Píndaro, *Pítica*, II, 72.
(126) Cf. J. Pieper, «On Hope», cap. 2 em J. Pieper, *Faith. Hope. Love*, pág. 99.

cam a virtude, mas também quando veem que os outros a praticam. Trata-se de uma manifestação da solidariedade que une todos os homens de boa vontade empenhados em procurar o bem e a verdade. Alegramo-nos com as virtudes dos outros porque elas nos fazem ver que não estamos sós na nossa luta pela excelência.

A virtude produz *alegria*, não *felicidade*. A felicidade é a contemplação eterna de Deus, que é o objetivo último da vida e ultrapassa todas as nossas capacidades. Não há nada que possamos fazer para ser felizes. A felicidade é um dom. Assim o observa Pieper, com razão: «O homem, tal como está constituído, sente uma sede de felicidade que não consegue acalmar num mundo finito; se pensasse ou se comportasse como se isso fosse possível, não chegaria a entender-se a si mesmo, e a sua forma de agir seria contrária à sua própria natureza»[127].

Embora a virtude não nos dê a felicidade, aproxima-nos dela, porque nos aproxima de Deus, que é a Verdade, a Bondade e a Beleza. Se os nossos corações vibram pelo dinheiro, pelo poder, pelo prazer sensual ou pela fama, não nos aproximamos da felicidade, mas da alienação.

Anton Tchekhov descreveu maravilhosamente essa situação no seu curto relato *As groselhas*. Nikolai Ivanovich tinha um sonho: adquirir uma *dacha* que pudesse encher de groselheiras. Depois de passar anos acumulando os fundos necessários, conseguiu transformar o seu

---

(127) J. Pieper, *Happiness and Contemplation*, págs. 38-39.

PARTE IV - LIDERANÇA E REALIZAÇÃO PESSOAL   185

sonho em realidade e comprou a *dacha*. Para festejar o acontecimento, convidou os amigos a tomar o chá e serviu-lhes as preciosas groselhas. O narrador, seu irmão, comentou:

«À tarde, enquanto tomávamos o chá, a cozinheira trouxe para a mesa um prato cheio de groselhas. Ninguém as tinha comprado: eram os primeiros frutos das groselheiras que se tinham plantado. Nikolai Ivanovich começou a rir e, durante um minuto ou dois, olhou em silêncio as groselhas, com lágrimas nos olhos. Excitado, não conseguia falar; levou uma à boca, olhou-me triunfante, como uma criança a quem, finalmente, dão o seu brinquedo favorito, e disse:

– Que boas estão!

Comeu-as com avidez, repetindo: "Que boas estão! Prove uma!"

Estavam duras e amargas, mas, como disse Pushkin, o sonho que nos empolga é mais apreciado por nós do que cem mil verdades. Tinha diante dos meus olhos um homem feliz, que vira realizado o sonho mais almejado, que tinha alcançado o objetivo da sua vida, que tinha obtido tudo o que queria, que estava satisfeito com o seu destino e consigo mesmo. Na ideia que eu fazia da felicidade humana, sempre tinha havido algum ponto de tristeza, mas naquele momento, à vista de um homem feliz, invadiu-me um sentimento muito pesado, próximo do desespero»[128].

---

(128) A. Tchekhov, *As groselhas*.

Nikolai Ivanovich enganava-se quando pensava que os bens materiais levam à felicidade. O seu estado de alienação era tal que chegou a achar deliciosas umas groselhas verdes e amargas. Estava alienado da verdade e da realidade e, portanto, de si mesmo. Essa alienação é típica do imaturo.

3. As armadilhas de uma ética baseada em normas

> *Quem rejeita o mal, não por ser proibido, mas por ser um mal, é verdadeiramente livre.*
>
> Robert Spaemann

A história da humanidade mostra-nos que há dois sistemas éticos que se podem considerar permanentes: a ética das normas e a ética das virtudes. No primeiro sistema, uma ação é correta quando se ajusta à norma, e incorreta se não se ajusta a ela. No segundo sistema, uma ação é boa se nos aproxima da perfeição moral e má se nos afasta dela. O primeiro sistema baseia-se em normas que os homens podem modificar como quiserem; o segundo fundamenta-se em princípios inalteráveis da natureza humana.

A ética das virtudes não nega a validade das normas, mas insiste em que estas não devem constituir o fundamento último da ética. As normas devem estar a serviço da virtude. Esta é a ordem apropriada.

À primeira vista, os Dez Mandamentos são, por excelência, a expressão de uma ética baseada em normas: «Não roubarás, não matarás, não cometerás adultério, etc.» Através deles, Deus revela a sua vontade sob a forma de leis. Não submeter-se a essas leis significa cometer um pecado.

Do ponto de vista da ética da virtude, Deus, por meio dos Dez Mandamentos, faz muito mais do que revelar a sua vontade: explica ao homem os princípios da natureza humana e o que significa na prática comportar-se como um ser humano. Transgredir os Mandamentos não é somente transgredir a vontade divina: significa também violar a própria natureza e destruir-se a si mesmo.

Os Dez Mandamentos estão a serviço da virtude; são mais que uma lista de proibições morais. Do ponto de vista da virtude, o mandamento «não roubarás» significa «vive desprendido das coisas materiais»; «não matarás» significa «ama a vida e respeita-a sempre»; «não cometerás adultério» significa «sê puro de coração, de espírito e de corpo».

Jesus Cristo, que é o intérprete supremo da Antiga Aliança, afirmou inequivocamente que Deus Pai exige dos seus filhos a prática das virtudes e que isso é condição necessária para a perfeição moral.

Os cristãos não chamam «pecado» apenas aos atos que contrariam a letra dos Dez Mandamentos, mas também a qualquer ato contrário às virtudes que esses preceitos envolvem. Para atingir a excelência pessoal, devo fazer mais do que simplesmente observar a letra dos Mandamentos; devo cultivar e praticar virtudes.

«A lei atua a partir de fora – afirma o filósofo alemão Robert Spaemann –. Já a virtude, depois de me ajudar a compreender o que é bom e o que é mau, e depois de ter criado um hábito, converte-se ela própria em norma

PARTE IV - LIDERANÇA E REALIZAÇÃO PESSOAL 189

dentro de mim. Quem rejeita o mal, não por ser proibido, mas por ser um mal, é verdadeiramente livre»[129].

O comportamento dos líderes é determinado mais pelas suas virtudes do que pela lei. Se, por exemplo, o líder não calunia a concorrência, não é por a calúnia ser proibida pela lei moral e pelas leis civis, mas porque todo o seu ser – o seu caráter! – sente uma profunda aversão pela calúnia.

O conceito de «ética do trabalho» tem mais a ver com uma ética baseada em normas do que com a ética da virtude. Os códigos de conduta das empresas e os códigos éticos das profissões liberais visam a retidão profissional, não a excelência pessoal.

A retidão profissional é uma coisa boa: contribui para a respeitabilidade da empresa e dos que nela trabalham. Mas a retidão profissional não é suficiente: posso observar escrupulosamente a ética do trabalho e simultaneamente «desintegrar-me» como ser humano e como pessoa. É o que acontece quando confundo a excelência pessoal com a observância de um código de conduta, quando cumpro normas éticas sem as vincular ao desenvolvimento do meu caráter e da minha personalidade. A ética do trabalho é um ponto de partida, mas não a meta. Em si mesma, não me permite alcançar a excelência pessoal.

Se a retidão profissional não é reforçada pela virtude,

---

(129) R. Spaemann, *Main Concepts of Morals*, Moralische Grundbegriffe, Beck'sche Verlagsbuchhandlung, Munique, 1986. Veja-se o capítulo «Freedom and Moral Obligation».

corre o risco de soar a falsa e até de minar o prestígio da empresa.

Numerosas organizações possuem admiráveis códigos de conduta que expõem a ética da empresa. Mas se os membros dessas organizações não se comportam habitualmente de modo virtuoso, esses códigos de conduta, independentemente dos seus nobres propósitos, não deixam de ser um disfarce que mascara a realidade.

O conceito de «ética do trabalho» é em geral um conceito perigoso. Pode levar a pensar que existe uma dupla ética: uma seria a ética do trabalho e a outra a do tempo livre. Muitos seguem um código de conduta estrito no trabalho, mas são relaxados na sua vida particular ou familiar, dando rédea solta aos seus caprichos e fantasias. É uma compensação, afirmam, pelo duro trabalho que realizam. Bebem, enganam o seu cônjuge e desinteressam-se das outras pessoas. Apesar disso, estão convencidos da sua perfeição moral.

Os líderes, pelo contrário, comportam-se honestamente não só no trabalho, mas em família, com os amigos, no tempo livre e mesmo quando estão sozinhos. A virtude é um hábito estável que dá unidade ao nosso comportamento. A pessoa virtuosa não leva uma vida dupla ou tripla. Não interpreta papéis diferentes: o de profissional no trabalho, o de pai de família em casa, o de cristão na igreja ou o de judeu na sinagoga. A pessoa virtuosa faz em cada instante o que é exigido pela virtude e não aquilo que o jogo das convenções sociais espera dele.

As normas são absolutamente necessárias para as

PARTE IV - LIDERANÇA E REALIZAÇÃO PESSOAL 191

crianças, porque não sabem imediatamente e com precisão o que é moralmente aceitável e o que não é. Mas quando começam a ter uso da razão, devemos ensinar-lhes o «porquê» das normas, para que compreendam as suas relações com a virtude, com a natureza humana e com a excelência pessoal.

Para os adultos, as normas não são suficientes, não podem satisfazer-lhes a inteligência de uma pessoa madura. São demasiado limitadas para abarcar a variedade de situações que devemos enfrentar todos os dias. A prudência joga aqui um papel capital: permite escolher bem, sempre ou quase sempre, embora depare com uma situação totalmente nova.

Os que seguem consciente ou inconscientemente uma ética fundada em normas não captam o vínculo que deve existir necessariamente entre estas, a natureza humana e a busca da excelência. Uma ética fundada em normas é, neste sentido, autorreferenciável e essencialmente instável. Nesse caso, as normas podem ser facilmente substituídas por uma ideologia, uma espiritualidade esotérica, objetivos pragmáticos ou slogans de moda. Têm sido muitos os membros dos partidos comunistas da Europa central que, depois da queda do Muro de Berlim, em poucas horas se converteram em democratas liberais dos pés à cabeça. Sem complexos de nenhum tipo e sem especiais dificuldades, trocaram um pacote de regras (as normas do socialismo coletivista), por outro pacote de regras (as normas do liberalismo individualista). Para as pessoas sem caráter, o essencial é «gravitar» em torno de um sistema, independentemente do valor moral desse sistema. O essencial é «agarrar-se» a alguma coisa.

A moderna cultura ocidental baseia-se fundamentalmente em normas. É necessário jogar «em conformidade com as normas», e a norma suprema, o ponto de referência dos pensamentos e das ações diárias, passa a ser o sucesso profissional. O ideal da excelência é substituído em boa parte pela ideia de fazer carreira, uma carreira brilhante, independentemente dos valores que se devam sacrificar para obter esse objetivo.

Uma pessoa que, pelo contrário, pratique a virtude e procure a excelência não cederá facilmente aos interesses imediatos, aos slogans ou ideologias em voga. Quando interioriza os princípios inalteráveis da natureza humana, adquire uma solidez espiritual que a torna impermeável ao sucesso a todo o custo, aos cantos de sereia de uma cultura de massas que calca aos pés a dignidade do ser humano.

Uma ética fundada em normas produz pessoas de visão estreita, superficiais, sem imaginação. Sirva de exemplo o seguinte episódio que se passou com um amigo: «Eu tinha decidido começar a nadar regularmente e, por isso, aproveitei a oferta de um plano economicamente vantajoso que incluía tanto natação como musculação, embora na realidade eu não estivesse interessado em musculação. Após algumas semanas, fui repreendido por não estar levantando pesos... A responsável acusou-me de não respeitar as normas do plano, acrescentando que essa situação era intolerável. Pedi-lhe que me explicasse como

PARTE IV - LIDERANÇA E REALIZAÇÃO PESSOAL   193

poderia eu estar prejudicando o estabelecimento, já que vinha pagando normalmente a minha taxa. A senhorita disse-me que eu não tinha o direito de nadar sem antes ter levantado pesos. Pedi-lhe que me explicasse o sentido dessa regra, mas ela não soube fazer outra coisa senão invocar o regulamento. Tive a impressão de estar falando com uma parede. Ameaçou-me até com a expulsão, caso eu continuasse a negar-me a levantar pesos, pelo menos durante 15 minutos, antes de mergulhar na piscina...»

Uma pessoa obcecada pelas regras não estuda os problemas em profundidade, não considera as circunstâncias particulares nem tem iniciativa. Toma decisões, mas sem pensá-las. A criatividade não é coisa que lhe diga respeito.

Que diferença em relação aos que procuram a excelência pessoal! Para eles, não há soluções pré-fabricadas. A virtude é sempre original e criativa, e oferece uma imensa gama de possibilidades.

PARTE V
Rumo à vitória

Tendo visto o papel das virtudes *naturais* na liderança, dirigiremos agora a nossa atenção para as virtudes *sobrenaturais* da fé, esperança e caridade, baseando-nos em conceitos teológicos que não tínhamos mencionado anteriormente.

Este capítulo poderia parecer supérfluo aos leitores ateus ou céticos em matéria de religião. Se for o seu caso, recomendo-lhe que se limite às sugestões e conselhos que foram dados até o momento. Com efeito, a pessoa que pratica as virtudes humanas, embora não tenha nenhuma religião, pode chegar a ser um grande líder. E se procura sinceramente a verdade, torna-se grata a Deus, porque as virtudes humanas são uma expressão da bondade divina.

Mas os líderes que praticam a fé, a esperança e a caridade têm uma vantagem decisiva na sua luta pela excelência e pela eficácia pessoal. Nenhuma obra sobre liderança, se quiser ser completa, pode deixar de estudar como as virtudes sobrenaturais influem nas virtudes naturais, que são os fundamentos e os pilares da liderança.

Neste último capítulo, apresentamos uma metodologia de crescimento espiritual adaptada às necessidades de profissionais com uma agenda apertada. Esta metodologia exprime-se em termos facilmente compreensíveis aos cristãos, mas também adaptáveis aos modos de pensar de pessoas não cristãs. Pode ajudar os membros de outras confissões religiosas – islamismo, judaísmo, budismo – a tirar mais proveito das suas práticas religiosas.

1. A influência da vida cristã

Nada aperfeiçoa tanto a personalidade como a correspondência à graça.

Josemaria Escrivá, *Sulco*, n. 443

As virtudes naturais são virtudes universais. Os gregos, os chineses, os japoneses, os romanos, os árabes e os judeus dos tempos antigos, todos fizeram a apologia das virtudes humanas. Não existe nenhuma cultura nacional que não reconheça o valor das virtudes humanas, de uma forma ou de outra.

O Livro da Sabedoria, escrito cerca de 150 anos antes de Jesus Cristo, afirma o seguinte: «A sabedoria ensina a temperança e a prudência, a justiça e a fortaleza, as virtudes mais proveitosas para os homens na vida»[130]. Esta referência do Antigo Testamento às quatro virtudes cardeais mostra que o autor do texto inspirado levava muito em conta a sabedoria dos antigos gregos.

No entanto, foi o cristianismo que deu toda a sua importância às virtudes humanas. A teologia cristã ensina que a humanidade de Cristo, o Filho de Deus feito homem, não foi absorvida pela sua divindade. Jesus Cristo é *perfeito Deus e perfeito homem*. Praticou as virtudes humanas com a máxima perfeição, melhor do que qualquer pessoa antes ou depois dEle.

O líder cristão procura alcançar o estado do «homem

---

(130) Sab 8, 7.

perfeito, à medida da plenitude de Cristo»[131]. Procura imitar tanto as virtudes humanas como as virtudes divinas do seu Mestre. É plenamente consciente da força que tem a sinergia entre as virtudes naturais *adquiridas* por esforço próprio e as virtudes sobrenaturais *infundidas* por Deus na alma.

Antes de analisarmos a relação entre as virtudes naturais e as sobrenaturais, consideremos por uns momentos a posição privilegiada em que se encontra o líder cristão.

A posição privilegiada do líder cristão

Os líderes, independentemente da sua religião ou das suas convicções filosóficas, descobrem em si mesmos uma lei que lhes ordena fazer o bem e evitar o mal. Além disso, como todos os seres humanos, sentem no seu corpo e no seu espírito outro princípio que os puxa para baixo e os inclina a fazer o mal. Mas também sabem que, mediante a prática das virtudes, podem fortalecer o seu caráter e vencer uma grande parte das suas fraquezas.

Graças à revelação divina transmitida pelo Antigo Testamento, os líderes judeus e cristãos sabem que a lei moral natural é uma lei inscrita pelo Criador no coração do homem. Sabem que a sua inclinação para o mal é fruto do *pecado original*, misteriosamente herdado pela humanidade através da geração natural.

---

(131) Ef 4, 13.

PARTE V - RUMO À VITÓRIA 199

Graças à revelação divina transmitida pelo Novo Testamento e pela tradição da Igreja, os líderes cristãos sabem que, mediante o sacramento do Batismo, Deus infunde na alma um precioso dom sobrenatural, que é composto por três elementos: a graça santificante[132], as virtudes da fé, esperança e caridade[133] e os sete dons do Espírito Santo[134]. O pecado mortal pode fazer-nos perder este dom sobrenatural, mas podemos recuperá-lo por meio do sacramento da confissão.

Os líderes cristãos conhecem também a vontade de Cristo: *Sede perfeitos, como vosso Pai celestial é perfeito*[135]. Levam a sério as palavras de São Paulo: *Esta é a vontade de Deus, a vossa santificação*[136]. A luta pela perfeição encontra a sua mais alta justificação e motivação no cristianismo: a santificação, que é um processo simultaneamente natural e sobrenatural, é a vontade de Deus para todos os homens.

Os líderes cristãos têm um modelo de perfeição humana e divina: Jesus Cristo. E Maria, sua Mãe Imaculada, imita tão fielmente as virtudes do seu Filho que Dante chega a chamá-la, numa expressão surpreendente,

---

(132) A graça santificante é uma qualidade sobrenatural *ontológica* que cura a alma do pecado e a eleva para torná-la capaz de viver com Deus.

(133) A fé, a esperança e a caridade são qualidades sobrenaturais *operativas* que permitem aos que as recebem comportar-se como filhos de Deus.

(134) Esses sete dons (sabedoria, entendimento, conselho, fortaleza, ciência, piedade e temor de Deus) são qualidades sobrenaturais *operativas* que permitem aos que as recebem seguir com prontidão os impulsos do Espírito Santo.

(135) Mt 5, 48.

(136) 1 Tess 4, 3.

«a Filha do Filho». Esta imitação perfeita do Filho pela Mãe faz de Maria um modelo para os cristãos de todos os tempos.

Se dirigir é servir os outros até chegar ao dom de si mesmo, então o sacrifício de Cristo no Calvário, renovado no sacramento da Eucaristia, constitui a suprema inspiração do líder cristão. Mediante a Santa Missa, os líderes crescem em espírito de serviço.

Os líderes apoiam-se de uma forma muito especial na oração. Carlos de Habsburgo, o imperador da Áustria-Hungria, não tomava nunca uma decisão importante sem antes «tê-la rezado», como costumava dizer, indicando assim que tratava do assunto com Deus. Stolypin, Schuman, Lejeune e Reagan foram todos homens de oração.

Quando, em 1993, perguntaram a Corazón Aquino quais as práticas de liderança que ela gostaria que tivessem continuidade depois de deixar a presidência das Filipinas, respondeu sem vacilar: «O hábito de rezar [...]. Os grandes deste mundo devem rezar, nem que seja apenas pelo bem daqueles que devem suportar a sua enorme capacidade de cometer erros trágicos»[137].

Na oração, os líderes recebem a luz de que necessitam para decidir prudentemente e a energia para agir com fortaleza. Stolypin, sentindo que provavelmente seria assassinado pelas suas convicções, disse certa vez: «Todas as manhãs, ao acordar, ofereço uma oração e penso que o dia que vou viver é o último da minha vida [...]. À noite,

---

(137) C. Aquino, *op. cit.*

PARTE V - RUMO À VITÓRIA   201

dou graças a Deus por ter-me concedido um dia mais de vida»[138].

Na oração, os líderes aprendem a interpretar os sinais que a Providência divina lhes envia: «Quanto a mim – escreve Solzhenitsyn –, notar na minha própria vida essa mão que me dirige, esse sentido perfeitamente claro e que não depende de mim, tinha passado a ser algo habitual nos meus anos de prisão. Nem sempre conseguia compreender no momento as desgraças da minha vida; com frequência, pela fraqueza do corpo e do espírito, entendia ao contrário o seu verdadeiro significado, sem captar a sua transcendência a longo prazo. No entanto, passado um certo tempo, sempre acabava por ver com clareza o verdadeiro alcance do que acontecera, e então emudecia de assombro. Fiz na minha vida muitíssimas coisas contrárias ao objetivo principal que tinha fixado, sem compreender qual era o verdadeiro caminho, e depois sempre acontecia alguma coisa que endireitava a situação. Isso converteu-se em mim num costume tão arraigado, contava com isso de tal modo, que só me restava uma coisa a fazer: interpretar da forma mais clara e rápida possível qualquer acontecimento importante da minha vida»[139].

Na oração, os líderes purificam as suas motivações e fortalecem os seus valores. O Evangelho permite-lhes contemplar Cristo, em quem descobrem o seu destino e a

---

(138) Cf. S. Rybas, *Stolypin*, Molodaya Gvardia, Moscou, 2004, pág. 226.

(139) Alexandr Solzhenitsyn, *Le chêne et le veau*, pág. 114.

sua vocação, os seus pontos fortes e os seus pontos fracos. Na leitura do Evangelho, os líderes leem a sua própria vida.

O líder cristão tem, por isso, uma vantagem única: sabe que é chamado à santidade; dispõe de um modelo, Cristo, e de meios insuperáveis para imitá-lo, que são a oração e os sacramentos.

As virtudes naturais, fundamento das virtudes sobrenaturais

Os líderes cristãos não se podem contentar com uma perfeição exclusivamente natural, pois procuram a santidade. Para alcançar este objetivo, devem recorrer com frequência às virtudes sobrenaturais da fé, da esperança e da caridade. Isto não quer dizer que devam esquecer as virtudes naturais, muito pelo contrário: as virtudes naturais constituem o próprio fundamento das virtudes sobrenaturais. Se eu não faço nenhum esforço por cultivar a magnanimidade ou a prudência, as virtudes sobrenaturais da fé, da esperança e da caridade nunca me tornarão uma pessoa prudente ou magnânima. Se eu sou covarde, imoderado ou egoísta, seria uma tolice esperar que as virtudes sobrenaturais fizessem de mim alguém valente, justo e temperado.

Mesmo uma prática religiosa sincera não é capaz de suprir a ausência de virtudes naturais. «São muitos os cristãos que seguem Cristo – afirma Escrivá –, pasmados ante a sua divindade, mas O esquecem como Homem...,

PARTE V - RUMO À VITÓRIA

e fracassam no exercício das virtudes sobrenaturais – apesar de toda a armação externa de piedade –, porque não fazem nada por adquirir as virtudes humanas»[140].

Esta insistência na importância das virtudes humanas é uma constante nos ensinamentos de Escrivá. Uma vez escreveu: «Se aceitamos a nossa responsabilidade de filhos de Deus, devemos ter em conta que Ele nos quer muito humanos. Que a cabeça toque no céu, mas os pés assentem com toda a firmeza na terra. O preço de vivermos cristámente não é nem deixarmos de ser homens nem abdicarmos do esforço por adquirir essas virtudes que alguns têm, mesmo sem conhecerem Cristo. O preço de cada cristão é o Sangue redentor de Nosso Senhor, que nos quer – insisto – muito humanos e muito divinos, empenhados em imitá-lo, pois Ele é *perfectus Deus, perfectus homo*»[141].

Os efeitos das virtudes sobrenaturais

Se as virtudes naturais constituem o fundamento das virtudes sobrenaturais, estas, por sua vez, reforçam e «transfiguram» aquelas.

Faço a seguir algumas considerações (de maneira nenhuma exaustivas) sobre os efeitos que as virtudes da fé, esperança e caridade têm sobre as virtudes humanas.

---

(140) Josemaria Escrivá, *Sulco*, n. 652.
(141) Josemaria Escrivá, *Amigos de Deus*, n. 75.

A magnanimidade cristã — magnanimidade natural re-forçada e transfigurada pela fé, esperança e caridade — alarga o coração do líder cristão, tornando-o capaz de responder com generosidade à sua vocação. A aspiração de fazer coisas grandes, que traz desde os tempos da sua juventude, não se desvanece com a passagem dos anos. Pelo contrário, acentua-se, pois, como diz o salmo, Deus «renova a tua juventude como a da águia»[142].

Poderíamos dizer muitas coisas sobre a magnanimidade cristã. A Europa não teria chegado a existir sem a magnanimidade de um jovem monge do século VI chamado Bento. Esse religioso, que nasceu numa época e num lugar marcados pela corrupção — depois da queda do Império Romano e das repetidas invasões bárbaras —, compreendeu o desafio espiritual e cultural que a Europa enfrentava. Fundou, juntamente com os seus discípulos, uma rede de comunidades monásticas por toda a Europa, tendo em vista conservar e difundir entre os bárbaros a fé cristã e a herança da cultura antiga. Graças a esse monge, a civilização ocidental pôde chegar até os nossos dias.

Na Europa do Leste, Cirilo e Metódio, monges gregos e irmãos consanguíneos, nascidos em Tessalônica no século IX, deram mostras de uma magnanimidade comparável à de Bento no Ocidente. Com o apoio dos bispos de Roma e dos patriarcas de Constantinopla, tiveram

---

(142) Salmo 103 (102), 5; Divina Liturgia de São João Crisóstomo, 1ª Antífona.

PARTE V - RUMO À VITÓRIA   205

uma ideia audaciosa para cristianizar os eslavos da Europa Oriental: inventaram um alfabeto adaptado à fonética eslava, de modo que o povo pudesse ler a Bíblia e acompanhar a liturgia da Igreja na sua própria língua. Sofreram calúnias e perseguições, foram encarcerados, e no meio de tudo isso foram assentando as bases da cultura eslava. «Ao exercerem o seu carisma próprio – escreveu João Paulo II –, Cirilo e Metódio contribuíram decisivamente para a construção da Europa, não somente na comunhão religiosa cristã, mas também na sua união política e cultural»[143].

Nos séculos seguintes, surgiram homens e mulheres como Catarina de Sena e Joana d'Arc, Francisco de Assis, Domingos de Gusmão, Sérgio de Radonej[144], Teresa de Ávila, João da Cruz, Brígida da Suécia e Inácio de Loyola, que foram santos de uma grandeza excepcional e muito mais: foram sonhadores magnânimos, líderes dotados de um incrível sentido de missão.

Transfigurada pela fé, a virtude da humildade, que é o hábito de viver na verdade, adquire uma importância cósmica para o líder cristão. Permite-lhe captar a verdade mais profunda sobre si mesmo: é *filho* de Deus e não só uma

---

(143) João Paulo II, *Slavorum apostoli*, 27.

(144) Sérgio de Radonej (1322-1392), monge, pai espiritual de inumeráveis almas e mestre de vida interior, foi uma das grandes luminárias da ortodoxia russa. Em 1334, fundou o mosteiro da Trindade, num denso bosque da Rússia central, próximo da cidade de Radonej, a uns cinquenta km de Moscou. Graças ao seu duro trabalho, oração constante e grande santidade, o mosteiro da Trinidade converteu-se no principal centro de vida religiosa ortodoxa na Rússia. Continuou a sê-lo até os dias atuais, denominando-se agora da Trindade-São Sérgio, em honra do seu santo fundador.

206 ALEXANDRE HAVARD

criatura de Deus. Esta consciência da sua filiação divina constitui para o líder cristão um estímulo gigantesco para a prática da magnanimidade: se sou filho de Deus, devo sonhar os sonhos de Deus.

Transfigurada pela fé, esperança e caridade, a virtude da prudência torna o líder cristão capaz de julgar as situações a partir de uma perspectiva divina, uma perspectiva de eternidade.

Reforçada pela fé, esperança e caridade, a virtude da fortaleza permite ao líder cristão manter-se firme nos seus valores e enfrentar assim o «martírio do cotidiano». Confere-lhe, quando é necessário, a capacidade de suportar sofrimentos extraordinários. Bom exemplo disso é a história do doutor Nagai, de Nagasaki, um cientista japonês convertido ao catolicismo. Em 9 de agosto de 1945, o dia em que se lançou a bomba atômica sobre Nagasaki, Nagai trabalhava no serviço de radiologia do hospital universitário dessa cidade. Como a sua sala estava a 600 metros do epicentro, Nagai foi lançado ao chão pela onda expansiva. Levantou-se vivo, mas ensanguentado e com as costas rasgadas por estilhaços de vidro. A sua esposa, Midori, teve pior sorte: umas horas mais tarde, Nagai descobriu o seu corpo carbonizado entre os escombros da sua casa. Apesar da sua profunda dor moral e física, Nagai dedicou-se com todas as suas forças a atender o fluxo aparentemente infindável de vítimas da bomba atômica.

No outono de 1947, caiu de cama, pois tinha contraído uma leucemia durante a guerra, em consequência do seu trabalho como radiologista. No entanto, decidiu

PARTE V - RUMO À VITÓRIA   207

utilizar o que lhe ficava de útil – as mãos, a cabeça, o coração – para promover por meio da caridade uma paz duradoura entre as nações.

Pessoas de todo o Japão, incluído o imperador Hirohito, foram visitá-lo e receber os seus conselhos e consolo. Mais de 20.000 pessoas assistiram ao seu funeral em 1951, enquanto em todos os povoados e cidades do Japão dobravam os sinos de templos budistas, santuários xintoístas e igrejas cristãs[145].

Entre os jovens, não faltam exemplos de pessoas que deram provas de uma maturidade excepcional, graças às virtudes sobrenaturais da fé, esperança e caridade.

Aos 19 anos de idade, Joana d'Arc, acorrentada e exausta, suportou durante vários meses o interrogatório de um tribunal manipulado, presidido por um juiz cínico que havia jurado aniquilá-la. As famosas réplicas dessa jovem camponesa iletrada às acusações de que era objeto demonstraram que possuía um grau de sabedoria surpreendente. Quando o tribunal a acusou de haver desobedecido aos seus pais saindo de casa e envolvendo-se numa missão sem o consentimento deles, Joana deu a todos esses juízes, doutores em ciência eclesiástica, uma magnífica lição de teologia: «Como Deus o mandava, ainda que eu tivesse cem pais e mães, ainda que fosse a filha do Rei, teria continuado o meu caminho».

Na liturgia da missa de Santa Joana d'Arc, a primeira

---

(145) Cf. P. Glynn, *A Song for Nagasaki*, Eerdmans Publishers, Co., Grand Rapids, Michigan, 1990.

leitura é do *Livro da Sabedoria*: «E por isso, receberei as honras das multidões e, ainda que jovem como sou, o respeito dos anciãos. Reconhecerão o acerto dos meus juízos e serei admirado pelos poderosos. Quando me calar, esperarão, e, se falar, prestar-me-ão atenção, e, se prolongar a minha fala, levarão a mão à boca»[146].

Vania Moiséyev, um jovem batista moldavo que, quando fazia o serviço militar no Exército Vermelho, foi torturado até à morte pela KGB por causa das suas convicções religiosas, é outro exemplo da extraordinária influência que a fé, a esperança e a caridade podem ter no amadurecimento de um jovem.

Em 15 de junho de 1972, Vania escreveu aos seus pais: «O Senhor mostrou-me o caminho e eu devo segui-lo. Decidi segui-lo. Não sei se voltarei com vida, porque o combate atual é muito mais duro do que era antes. Apresenta-se uma luta muito mais áspera que a anterior, mas não temo: Jesus vai à minha frente. Que os meus queridos pais não estejam tristes: como amo Jesus mais que a mim mesmo, quero obedecer-lhe, embora o corpo tenha medo de tudo o que deve suportar. Não aprecio a minha vida tanto como amo Jesus. Não espero que as coisas saiam conforme a minha vontade, mas conforme a vontade do Senhor. Ele dirá que vá, e eu irei».

Em 16 de julho desse mesmo ano, Vania Moiséyev entregou a alma a Deus, depois de ter suportado indizí-

---

(146) Sab 8, 10. «Levarão a mão à boca»: gesto instintivo quando se é tomado de admiração.

PARTE V - RUMO À VITÓRIA

veis torturas. Apesar da sua juventude – tinha apenas 20 anos –, permaneceu fiel até o fim[147].

Eis outro exemplo, agora de uma adolescente espanhola que faleceu depois de ter alcançado uma maturidade excepcional: Aléxia González-Barros, que teve diagnosticado um câncer aos 13 anos de idade. Aceitou a doença com paz, como vinda das mãos de Deus. Esta era a sua oração constante: «Jesus, que eu faça sempre o que Tu quiseres». Teve que usar um corpete metálico fixado à cabeça e ao pescoço com parafusos, e tomar medicamentos que davam à sua boca um aspecto cadavérico. Não era nada agradável, mas ela conservou sempre a paz e o bom humor. Dizia aos amigos: «No início, parecia-me com Frankenstein, agora pareço-me mais com Drácula!» Desviava sempre a conversa para assuntos do interesse das visitas, evitando falar dos seus problemas pessoais. O seu médico visitava-a acompanhado habitualmente por estudantes de medicina para que a vissem; queria mostrar-lhes até que ponto a paz alegre é compatível com a dor. Alexia morreu em 5 de dezembro de 1985, transfigurada pela graça de Deus, aos 15 anos de idade[148].

Alguém poderia dizer que os santos não servem de modelo, porque as suas ambições morais são demasiado elevadas para nós, simples mortais. Mas os santos tam-

---

(147) Vere Rance, «Ivan Moissev: Le martyre d'un jeune apôtre moldave», em *Martyrs Chrétiens d' URSS*, Bibliotèque AED, Collection «Témoins», 2002, pág. 387; M. Grant, Vanya, *A True Story*, Creation House Press, Chester, Reino Unido, 1995; P. M. Vincenti Guzzi, *Vanja e gli Angeli*, Roma, 1994.

(148) Cf. M. Monge, *Aléxia, uma história de dor, coragem e alegria*, Quadrante, São Paulo, 1993.

bém são simples mortais. O que os distingue da massa é o espírito decidido que os anima.

Os defensores do materialismo laicista, no estilo de Nietzsche, ensinam que o Evangelho oprime a natureza humana. A história está repleta de exemplos que provam o contrário. A nossa época produziu numerosíssimos líderes cujas virtudes humanas são mais que evidentes. Alguns eram sacerdotes ou religiosos, como o Papa João Paulo II, Josemaria Escrivá ou a Madre Teresa de Calcutá, para citar apenas uns poucos. Outros eram leigos: Piotr Stolypin, Robert Schuman, Alexander Solzhenitsyn e Jérôme Lejeune, entre outros. Todos deixaram em herança aos que viriam depois um sulco profundo. E o que resta do cacarejado «super-homem» de Nietzsche, do super-homem autossuficiente que não precisa de Deus? Os seus monumentos são Kolymá e Auschwitz.

2. Um programa para vencer

O teu maior inimigo és tu mesmo.
Josemaria Escrivá, Caminho, n. 225

A essência da liderança é o caráter e a excelência pessoal. Lutando por viver as virtudes, fazemos o que Deus quer que façamos. O nosso caminho pode estar cheio de obstáculos, mas a vitória está garantida: Deus não nos criou para o fracasso.

Este capítulo examina os *meios* sem os quais não pode haver um verdadeiro progresso no exercício das virtudes. Há três *meios*, e convém utilizá-los simultaneamente:

1) *O exame de consciência*, que nos permite avaliar o nosso comportamento diário e conhecer-nos a nós mesmos.

2) *A direção espiritual*, que nos ajuda a fixar objetivos pessoais a curto e a longo prazo.

3) O *«plano de vida»*, que nos permite manter o contacto com Deus. É Ele quem nos dá os meios sobrenaturais para vencer.

Embora expliquemos aqui este programa utilizando termos próprios da fé cristã, é importante ter em mente que todas as grandes religiões tratam das virtudes e têm práticas espirituais que estimulam o crescimento interior. Recomendamos a quem tenha uma religião diferente da cristã que recorra às suas próprias práticas religiosas, sem que isso signifique, evidentemente, excluir a leitura deste capítulo.

Antes de estudar em profundidade os diferentes pontos deste programa, convém identificar os obstáculos que, irremediavelmente, encontraremos ao longo do caminho.

Os obstáculos

1) *O conformismo moral.* É preciso estarmos preparados para nadar contra a corrente, contra as poderosas ondas do egoísmo, do relativismo e do materialismo que inundam o nosso planeta, e para sermos insensíveis ao que possam dizer de nós.

2) *O perfeccionismo.* O perfeccionismo e o amor à perfeição são coisas bem diferentes. O perfeccionista não aceita o fracasso; quando este se produz, sente-se humilhado e abandona o combate. O perfeccionismo é fruto do orgulho.

Devemos comportar-nos como os esportistas profissionais, que nunca desanimam e recomeçam depois de cada fracasso. Necessitamos da simplicidade e da flexibilidade das crianças que, depois de tropeçarem, se levantam rapidamente como se fossem bolas de borracha. Devemos considerar cada dia, cada hora da nossa existência, como um novo capítulo da nossa vida.

3) *A impaciência.* A virtude, como o bom vinho, amadurece lentamente. Embora seja verdade que as nossas convicções filosóficas, religiosas ou políticas podem mu-

PARTE V - RUMO À VITÓRIA   213

dar de rumo repentinamente, o caráter necessita de tempo para se desenvolver e amadurecer.

4) *A ausência de realismo*. Com frequência, esquecemo-nos de que as pessoas que nos rodeiam – cônjuge, filhos, clientes, colegas – são colaboradores privilegiados, embora involuntários, da nossa luta por alcançar a excelência pessoal. Eis o que diz Escrivá: «Sem esses choques que se produzem ao lidar com o próximo, como havias de perder as pontas, arestas e saliências – imperfeições, defeitos – do teu temperamento para adquirires a forma cinzelada, polida e rijamente suave da caridade, da perfeição?»[149]

Devemos considerar como presentes e não como fardos as pessoas com as quais não nos entendemos muito bem. Sem o percebermos, proporcionam-nos ocasiões constantes para melhorarmos pessoalmente: levam-nos a praticar a prudência, para determinarmos a melhor maneira de lidar com elas; o autodomínio, para não nos aborrecermos; a fortaleza, para sermos pacientes; a justiça, para lhes darmos, apesar de tudo, o que é delas. Em muitos casos, praticar a justiça significará ajudá-las a perceber os defeitos que têm e a melhorar o caráter.

5) *A autossatisfação*. Temos tendência a pensar que já fazemos o suficiente e que não é necessário exagerar. Esta indulgência para conosco mesmos é incompatível com a magnanimidade. É necessário rejeitá-la a todo o custo.

_____

(149) Josemaria Escrivá, *Caminho*, n. 20.

ALEXANDRE HAVARD

Vejamos agora a receita para vencermos estes obstáculos, o maior dos quais é o nosso próprio ego.

Exame de consciência

Trata-se de dedicar no máximo três minutos antes de nos deitarmos a examinar o nosso comportamento durante o dia que passou. Tome a firme decisão de erradicar os seus defeitos pessoais, e siga estas indicações:

1. *Não perca de vista o objetivo do exame*, que é conhecer as suas qualidades e defeitos, a fim de reforçar as primeiras e erradicar os segundos. Procure as raízes dos seus defeitos, mas não se esqueça de que o exame de consciência não é um egocentrismo psicológico, e menos ainda uma psicanálise. A questão-chave para o líder é saber como utilizar a sua liberdade hoje e não em que medida é «vítima» da sua educação. O exame de consciência deve dar lugar a uma contrição sincera e a um desejo profundo de melhorar.

2. *Distinga entre os seus defeitos de caráter e os seus defeitos de temperamento.* Concentre-se naquilo que deve mudar (os seus valores, o seu caráter), e não no que não deve ou provavelmente não pode mudar (o temperamento). Como vimos antes, não se pode trocar de temperamento como se troca um par de sapatos. Concentre-se antes em forjar o seu caráter. Quanto mais você crescer em virtude, mais se estabilizará a sua personalidade e se atenuarão as arestas do seu temperamento.

3. *Seja objetivo.* Só no encontro pessoal com Deus se

PARTE V - RUMO À VITÓRIA

consegue o verdadeiro conhecimento próprio. Ponha-se na presença de Deus e pergunte-lhe: «Quem és Tu?» A seguir, faça a você mesmo a pergunta: «Quem sou eu?» Só depois de adquirir consciência da sua relação fundamental com Deus, do seu destino e da sua vocação, é que você verá claramente o que deve mudar na sua conduta.

4. *Seja concreto*. Não se pergunte se você é bom ou mau. Essas considerações gerais não levam a nada. Em vez disso, reflita sobre os erros que cometeu nas últimas 24 horas e estabeleça objetivos concretos para o dia seguinte.

Direção espiritual

Estamos habituados a recorrer a todo o tipo de gurus e de sábios, para não falar de advogados e de encanadores, de institutos de beleza e academias de ginástica para que nos ajudem a melhorar de uma forma ou de outra ou para que nos prestem serviços que consideramos necessários. E estamos dispostos a pagar pelo que nos oferecem.

Os psiquiatras são úteis, se o nosso problema é de tipo psiquiátrico. Mas a quem recorreremos se quisermos *pôr em ordem a nossa alma* e estivermos conscientes de que não podemos consegui-lo por nós mesmos? Recorreremos a um diretor espiritual. Sem a ajuda de um diretor espiritual, é praticamente impossível fazer progressos reais no caminho da excelência.

O diretor espiritual ajudar-nos-á a ultrapassar o quinto obstáculo a que fizemos referência: a autossatisfação. Ajudar-nos-á a conhecer-nos melhor, a descobrir as ideias ilusórias que nos confundem.

A maioria das pessoas fica chocada quando ouve a sua própria voz num gravador de som; custa-lhes aceitar que é assim que os outros as ouvem... Também nos terá chocado ver-nos numa foto que mostra como nós somos realmente.

É este choque saudável o que um bom diretor espiritual nos proporciona. O diretor é a câmera fotográfica ou o gravador que nos mostra tal como somos na realidade.

Escrivá afirma: «Tu – pensas – tens muita personalidade: os teus estudos (teus trabalhos de pesquisa, tuas publicações), a tua posição social (teus antepassados), as tuas atuações políticas (os cargos que ocupas), o teu patrimônio..., a tua idade – não és mais uma criança!...

«Precisamente por tudo isso necessitas, mais do que outros, de um Diretor para a tua alma»[150].

Para conseguirmos uma maior eficácia na direção espiritual, é necessário que sejamos sinceros, que percamos o medo de nos mostrarmos como somos e, depois, que obedeçamos às indicações do nosso diretor.

Para encontrar um bom diretor, é necessário pôr em prática isso que em Wall Street chamam *due diligence* e em direito «diligência de um bom pai de família». Devemos escolhê-lo com a mesma prudência e cuidado que

---

(150) Josemaria Escrivá, *Caminho*, n. 63.

PARTE V - RUMO À VITÓRIA 217

tomaríamos para escolher o cônjuge ou um colégio para os nossos filhos.

O diretor espiritual deve ser uma pessoa virtuosa. Pode ser um amigo, mas nunca o nosso marido ou a nossa mulher. «Uma amizade prudente e afetuosa – afirma Pieper –, que é a condição *sine qua non* de uma autêntica direção espiritual, não tem nada a ver com uma intimidade sentimental. Este tipo de intimidade só a poria em perigo»[151].

O que se faz na direção espiritual? De que se fala? De muitas coisas ou de muito poucas coisas. Podemos estabelecer nós mesmos, junto com o diretor, a pauta da conversa. Seja esta qual for, sempre deveremos fazer um esforço por falar dos aspectos do nosso caráter que devem melhorar, desse defeito dominante que nos impede de progredir rapidamente. Também devemos aproveitar para desafogar a nossa alma e falar das nossas alegrias e das nossas penas.

As conversas com o diretor espiritual devem acontecer pelo menos uma vez por mês e, preferivelmente, todas as semanas ou a cada quinze dias. Não devem ser longas. É bom tomar notas, fixar resoluções por escrito e explicar ao diretor na conversa seguinte como as pusemos em prática. Nunca devemos terminar uma destas conversas sem combinar com o diretor a data do encontro seguinte.

Ernesto Cofiño, conhecido pediatra latino-america-

---

(151) J. Pieper, *Prudence*, pág. 56.

no, tinha compreendido perfeitamente o sentido da direção espiritual e escreveu nas suas Memórias: «Com mão carinhosa, os meus diretores foram talhando a pedra informe que eu era, com uma vantagem singular: agradava-me ser talhado, alegrava-me ver caírem arestas e ângulos. Na realidade, eu não me dava conta da figura que estava surgindo, mas tinha fé no escultor»[152].

Plano de vida

O exame de consciência e a direção espiritual fazem parte de um «plano de vida» mais amplo. Este plano de vida inclui uma série de práticas espirituais que podem ser feitas diária ou semanalmente: oração mental (conversa com Deus), invocações a Maria, Mãe de Deus e Mãe dos homens, participação na Santa Missa, confissão e comunhão frequentes (para os que professam uma religião diferente da cristã, é evidente que as práticas espirituais serão outras).

O plano de vida não é um fim em si mesmo, mas um meio de manter e aprofundar a união com Deus. As práticas do plano de vida, como afirma Escrivá, «não devem converter-se em normas rígidas, numa espécie de compartimentos estanques; marcam um itinerário flexível, ajustado à tua condição de homem que vive no meio da rua, com um trabalho profissional intenso e uns deveres

---

(152) Cf. J.L. Cofiño e J.M. Cejas, *Ernesto Cofiño*, Rialp, Madrid, 2003, pág. 124.

PARTE V - RUMO À VITÓRIA

e relações sociais que não deves descurar, porque nesses afazeres prossegue o teu encontro com Deus. O teu plano de vida tem de ser como essa luva de borracha que se adapta com perfeição à mão que a usa. Também não deves esquecer que o importante não é fazer muitas coisas. Limita-te com generosidade àquelas que possas cumprir em cada jornada, com vontade ou sem vontade. Essas práticas hão de levar-te, quase sem o perceberes, à oração contemplativa. Brotarão da tua alma mais atos de amor [...]. E isso enquanto cuidas das tuas obrigações: quando atendes ao telefone, quando tomas um meio de transporte, quando fechas ou abres uma porta, quando passas diante de uma igreja, quando começas uma nova tarefa, enquanto a realizas e quando a concluis; tudo referirás ao teu Pai-Deus»[153].

Este último ponto é essencial. A energia divina adquirida mediante a execução do plano de vida deve refletir-se no cumprimento das nossas responsabilidades ordinárias. Essa energia deve levar-nos a viver heroicamente cada instante da jornada: levantar-se pontualmente quando toca o despertador, sem ceder à moleza, sem dar voltas na cama; trabalhar com consciência, sem sonhar acordado ou matar o tempo; fazer primeiro o que é mais importante e depois o que mais nos agrada; acabar o trabalho da melhor maneira possível, cuidando dos detalhes; corrigir os subordinados (com caridade), embora custe; ser amáveis com os que não nos caem tão bem; sorrir, embo-

---

(153) Josemaria Escrivá, *Amigos de Deus*, n. 149.

ra não tenhamos nenhuma vontade de fazê-lo; suportar com bom humor as contrariedades, grandes e pequenas; brincar com os filhos, mesmo quando estamos mortos de cansaço; comer aquilo que nos servem, renunciando aos caprichos.

Se tivermos aprendido a fazer isto, teremos obtido a maior das vitórias.

Conclusão

Solzhenitsyn escreveu certa vez: «Se as coisas fossem tão simples! Se fosse possível identificar as pessoas más que cometem insidiosamente atos malvados e separá-las dos outros e aniquilá-las! No entanto, a linha de separação entre o bem e o mal atravessa o coração de cada ser humano. E quem se apresenta como voluntário para destruir o seu próprio coração?»

Com o seu infalível olho estratégico, Solzhenitsyn penetrou na essência do nosso assunto: o coração humano.

Os que estiverem dispostos a converter o seu coração serão líderes. Os que não quiserem fazê-lo serão os cavalos perdedores.

Os líderes nunca estão satisfeitos consigo mesmos. Estão sempre «a caminho», esforçam-se por progredir durante toda a vida.

A liderança não exclui ninguém. Não é uma vocação para uns poucos privilegiados, mas para muitíssimas pessoas. Não traz necessariamente a fama, mas sempre a virtude. Está sempre ao nosso alcance.

A virtude contribui poderosamente para o sucesso na nossa vida profissional e particular, mas não o garante. Em não poucas ocasiões a virtude conduz ao ostracismo (Solzhenitsyn, Lejeune) ou à morte (Stolypin, Thomas More, Joana d'Arc).

Seja qual for a virtude, se a praticarmos, seremos um ponto de referência para os que nos conhecem e nos amam, e eles seguirão o caminho que traçarmos. Quanta verdade encerram estas palavras de Escrivá: «Não desprezes as pequenas coisas, porque, no contínuo exercício de negar e te negares a ti próprio nessas coisas – que nunca são futilidades nem ninharias –, fortalecerás, virilizarás, com a graça de Deus, a tua vontade, para seres, em primeiro lugar, inteiro senhor de ti mesmo. E depois, guia, chefe, líder!..., que prendas, que empurres, que arrastes, com o teu exemplo e com a tua palavra e com a tua ciência e com o teu império»[154].

É nesta frutífera combinação de humildade, domínio próprio e magnanimidade que está a chave da liderança.

Um último conselho antes de terminar. Se alguma vez as suas fraquezas o levarem à desesperança e a sentir-se incapaz de avançar, lembre-se destas palavras da Escritura: *Para os homens é impossível, mas para Deus não; porque para Deus tudo é possível*[155].

Moscou, junho de 2007.

---

(154) Josemaria Escrivá, *Caminho*, n. 19.
(155) Mc 10, 17-29.

ESTE LIVRO ACABOU DE SE
IMPRIMIR A 05 DE JUNHO DE 2025,
EM PAPEL PÓLEN NATURAL 70g/m².